KB132306

싸워야 정치다

한국 정치를 읽는 4가지 공식

나남
nanam

나남신서 1803

싸워야 정치다
한국 정치를 읽는 4가지 공식

2015년 4월 5일 발행
2015년 4월 5일 1쇄

지은이 • 朴淳构
발행자 • 趙相浩
발행처 • (주) 나남
주소 • 413-120 경기도 파주시 회동길 193
전화 • (031) 955-4601(代)
FAX • (031) 955-4555
등록 • 제 1-71호(1979.5.12)
홈페이지 • http://www.nanam.net
전자우편 • post@nanam.net

ISBN 978-89-300-8803-9
ISBN 978-89-300-8655-4 (세트)

책값은 뒤표지에 있습니다.

나남신서 1803

싸워야 정치다

한국 정치를 읽는 4가지 공식

박순표 지음

공덕리 금표와 한국 정치

제가 자주 다니는 길가에는 공덕리孔德里 금표禁標가 있습니다. 마포 대로변 수십 층 고층건물 아래 보일 듯 말 듯 자리하고 있어 행인의 눈길 한번 받기도 쉽지 않습니다. 누군가 애써 관리한 흔적도 없습니다. 그러나 공덕리 금표에 얽힌 사연을 알게 되면 결코 가볍게 지나칠 수 없습니다.

사연은 이렇습니다. 지금의 마포구 염리동 150번지 일대에 조선말 최대 권력자 흥선대원군의 별장 아소정我笑亭이 있었습니다. 정치적 격변기라 아소정 일대의 경비를 위해 120보 이내에 접근하지 말라는 일종의 경고판을 세운 겁니다. 120보는 요즘으로 치면 144m 정도가 되는데, 조선시대 널리 사용된 화살인 유엽전柳葉箭의 '유효 사거리'입니다. 쉽게 말해 암살의 위험이 있는 거리 밖으로 물러나라는 것이죠.

금표는 1870년에 세워졌습니다. 금표가 세워지기 6년 전 임진왜란 때 불탔던 경복궁을 270년 만에 재건했고, 4년 전인 1866년에는 강화도를 침범한 프랑스 함대를 정족산성에서 물리쳤습니다. 1870년은 흥선대원군의 권력이 정점에 있던 때였습니다. 요즘 말로 국정운영의 자신감이 넘쳐나던 시기죠.

그러나 권불십년權不十年이라고 했던가요. 금표를 세우고 불과 3년 뒤 흥선대원군의 아들 고종은 최익현 등의 상소를 기회 삼아 친정을 선포하고 아버지 흥선대원군을 권좌에서 몰아냅니다. 대원군은 임오군란, 동학농민운동 등을 계기로 권좌복귀를 시도하지만 모두 실패하고 아소정에서 연금 상태로 있다가 목숨을 거둡니다.

대원군이 거처하는 아소정의
위치를 알리는 푯돌, 공덕리 금표.
한일백이십보限一百二十步 공덕리금표孔德里禁標
동치경오팔월일洞治庚午八月日이라 쓰여 있다.
공덕리孔德里는 현재의 마포구 공덕동 일대를 말한다.
동치洞治는 청나라 목종 때의 연호(1862~1874).
경오庚午는 1870년.

결국 권력의 상징 공덕리 금표를 세운 천하의 흥선대원군도 3년 뒤 일을 예측하지 못했습니다. 왜일까요? 부자지간에도 나눌 수 없다는 권력의 속성을 몰랐기 때문일까요? 아닙니다. 역사의 흐름을 읽지 못했기 때문입니다. 구미 열강의 각축장이 된 한반도에서 조선의 근본적 변화 없이는 역사의 종속변수가 될 수밖에 없다는 현실을 외면했기 때문입니다.

한국의 정치는 공덕리 금표에서 배워야 합니다. 역사와 민심을 이길 권력자는 없습니다. 민심의 큰 흐름을 읽지 못하면 정치는 아예 설 자리가 없어집니다. 《싸워야 정치다》는 이런 절박감에서 나왔습니다. 국민들이 정치를 제대로 평가할 수 있도록 하기 위해서는 정치 현장을 쉽게 설명해 줄 필요가 있고, 정치 또한 민심을 수용한 근본적 변화를 서둘러야 합니다. 결국 《싸워야 정치다》는 민심과 정치 사이에 화해를 시도한 책입니다. 민심과 정치가 동반자가 되는 데 이 책이 조그만 힘이라도 보탤 수 있었으면 합니다.

2015년 3월

박순표

나남신서 1803

싸워야 정치다
한국 정치를 읽는 4가지 공식

차 례

공식 2 정치를 읽는 디딤돌 **정당**

이야기에 앞서

'욕먹는 하마' 국회와 국회의원

우리는 민주사회에 살고 있습니다.

사람마다 평가는 다르지만 '6월 민주항쟁'(1987) 이후 한국의 민주주의는 상당히 발전했고, 적어도 군부의 재집권을 걱정하며 살지는 않습니다. 그럼에도 한국의 민주주의를 완성 단계로 평가하지 않는 이유는 무엇일까요?

개인적으로 우리나라의 '후진적 정치문화'를 가장 큰 이유 가운데 하나로 꼽습니다. 국가나 사회 공동체의 이익보다는 정치적 이해관계가 우선인 정치구조, 다시 말해 국민 상식에 부합하지 않는 정치문화가 바뀌지 않는 한 국민들은 절대 정치를 신뢰하지 않을 것이고, 후진적 정치 행태 또한 개선되지 않을 것입니다. 정치에 몸담은 분들이 크게 반성해야 할 대목입니다.

국회의사당 정문에 있는 해태상. 왼쪽이 수컷, 오른쪽이 암컷이다.
1975년 국회를 여의도로 옮기면서 소설가 월탄 박종화 선생의 건의에 따라
화재를 막고 액운을 쫓기 위해 세워졌다. 해태상은 당시 해태그룹에서 기증했다.

그런데, 제대로 알고 욕하세요?

반대로 도발적 질문 하나 던지겠습니다. 그렇다면 독자 여러분들은
한국 정치를 얼마나 이해하고 계십니까? 얼마나 제대로 알고 정치와
정치인을 비판하느냐는 겁니다. 왜 욕을 먹어야 하는지, 무엇이 잘못
됐는지 정확히 이해하고 비판하는 것과 그렇지 않은 것은 큰 차이가
있습니다. 욕하지 말자는 것이 아니라 제대로 알고 비판하자는 겁니
다. 그래야 '좋은 정치, 좋은 정치인'이 살아남고 '나쁜 정치, 나쁜 정
치인'이 퇴출됩니다. 제대로 된 비판은 한국 정치를 발전시키고 우리
사회를 한 단계 성장시킬 수 있습니다.

좋은 정치와 나쁜 정치, 누가 알려주나?

여기서 반론을 펴는 독자가 분명히 있을 겁니다. '그렇다면 무엇이 좋은 정치이고 나쁜 정치입니까? 도대체 그걸 누가 알려주고 판단합니까?' 정확한 지적입니다. 사실 대학이나 대학원에서 정치학을 전공하고 기자가 된 사람조차 정치부에 처음 오면 생소한 것이 너무 많습니다. 용어조차 제대로 이해하지 못하는 경우가 다반사입니다. 왜일까요? 정치학 이론은 해박하겠지만 우리 정치의 실제 현장에 대해서는 아무도 가르쳐 주지 않기 때문입니다. 토론을 하다 보면 심지어 정치학과 교수님들도 실제 정치 현장에 대한 이해가 부족하다고 느끼는 경우가 많습니다. 이래서야 제대로 비판할 수가 없고 한국 정치 또한 발전할 수 없습니다. 정치에 대한 이해가 여전히 부족한 제가 감히 책을 써야겠다고 엄청난 욕심을 낸 이유가 바로 여기에 있습니다.

의회 민주주의의 작동원리 '다수결'

그럼 실제 정치 현장에 대해 말하기에 앞서 먼저 정확히 짚어야 할 것이 있습니다. 바로 의회 민주주의 본질입니다. 의회 민주주의 본질에 대한 이해는 정확한 비판의 잣대가 되기 때문입니다. 아시겠지만 현대 국가는 고대 그리스처럼 모든 시민이 직접 국가 운영에 참여할 수 없기 때문에, 국민 대표들이 참여하는 간접 민주주의 방식을 채택합니다.

서울특별시 영등포구 의사당대로 1번지에 위치한 국회 외경.
1975년 8월 15일 국회 본관인 의사당이 완공됐다. 본관의 기둥 24개는 24절기를 의미한다.
'마징가 Z'가 숨어 있다는 본관 돔은 구리로 만들어져 산화 과정을 거치면서 푸른색을 띠게 됐다.

국민의 대표가 의회를 통해 국가 운영에 참여하기 때문에 의회 민주주의라고 부릅니다.

문제는 모든 국민들이 국가의 중요 사안에 대해 모두 같은 의견을 가질 수 없듯 여러 지역과 계층, 세대를 대신하는 국민 대표 역시 특정 사안에 대해 다양한 의견을 가질 수밖에 없습니다. 어떻게 보면 복잡다단한 현대사회에서 참 자연스러운 현상이죠. 그래서 의회를 통해 국민 대표들이 의견을 조율하고 절충점을 만들고, 그래도 합의점을 찾지 못하면 다수결을 통해 결론을 내립니다. 결론이 나면 비록 다른 의견을 가진 분들도 그것을 따르는 것이 원칙입니다. 다수결을 의회 민주주의의 기본 원리라고 하는 것도 바로 이 때문입니다.

의회 민주주의 본질은 효율이 아닙니다

물론 다수결이 의회 민주주의 핵심이라고 하더라도 다수결 이전에 여러 의견에 대한 토론과 절충, 이를 통한 사회적 공감대 마련 등이 반드시 필요합니다. 이런 절차가 없으면 다수결에서 배제된 소수 의견자들이 다수결에 따른 결론을 부정하게 되고 이는 의회 민주주의의 붕괴로 이어질 수 있기 때문입니다.

의회 민주주의 핵심은 바로 여기에 있습니다. 다양한 의견이 합의점을 찾아가다 보면 오랜 시간이 걸리고 때로는 사회적 갈등이 증폭되면서, 특정 의견을 가진 사람의 눈으로 보면 지극히 비효율적일 수도 있습니다. 그러나 이런 과정이 없으면 다수결의 원칙이 무너지고 의회 민주주의가 작동하지 않습니다. 결국 의회 민주주의 본질은 효율 추구보다는 토론을 통해 이견을 조율하고 사회적 합의를 이뤄가는 과정에 있습니다. 때로는 국민 10~20%만 찬성하는 최선책보다 국민 70~80%가 만족하는 차선책을 찾아 나가는 것이 의회 민주주의입니다. 또 토론과 협상을 통한 사회적 합의야말로 가장 효율적인 문제해결 수단이라고 믿는 사람이 의회 민주주의자입니다.

2011년 5월 G20 국회의장 회의에 맞춰 완공된 국회 사랑재. 446㎡ 규모로 90년이 넘은 소나무를 목재로 사용하고 옻칠을 하는 등 전통방식으로 지었다. 해외 귀빈 방문 등 주요 의전 행사에 활용된다.

국회에서 갈등과 이견은 자연스러운 일

다시 우리 정치 현실로 돌아와 봅시다. 앞서 말씀드린 것처럼 국민 대표가 여러 의견을 놓고 토론하는 국회에서 갈등이 표출되는 것은 매우 당연합니다. 갈등과 이견이 없는 것은 민주주의가 아닙니다.

오랫동안 정치부 기자를 하다 보면 이런 갈등과 이견 자체에 대해 극단적 혐오를 가진 분들을 더러 만나는데, 감히 말씀드리면 '의회 민주주의에 대한 이해 부족'으로 단언합니다. 또 역대 정부의 집권 세력 가운데도 특정 정책을 추진하면서 자신들의 생각대로 되지 않는다고 해서 '국회가 발목을 잡는다'고 비판하는 분들도 있습니다. 역시 국회에 대한 이해 부족이거나 자신의 잘못을 국회로 돌리기 위한 정치적 꼼수에 불과합니다. 갈등과 이견이 없는 정치는 '나치'밖에 없습니다.

정치의 본질은 토론과 협상

그렇다면 국회에 상존하는 갈등과 이견을 조정하고 합의점을 찾기 위해 무엇이 필요할까요? 바로 토론과 협상입니다. 정치인은 토론과 협상을 통해 갈등을 조정하고 최선의 결론을 만들어가는 사람입니다. 국회도 마찬가지입니다. 얼핏 보면 허구한 날 싸우는 조직 같지만 갈등을 조정하기 위한 나름대로의 시스템이 있고 이런 시스템은 시대에 따라 끊임없이 변합니다. 그럼 본격적으로 국회운영의 시스템을 통해 우리 정치 현실을 만나보겠습니다.

학교에서 가르쳐 주지 않는

국회와 국회의원

국회의원과 선수 選數

국회운영의 기본 원리, 선수

국회의원의 임기는 4년이고, 4년마다 총선을 치러 국회의원을 다시 뽑는 것은 다들 아실 겁니다. 지금까지 이런 과정이 19번 반복됐고 현재 활동하는 의원들은 19대 국회의원입니다. 또 국회의원에 한 번 당선된 사람은 초선, 두 번은 재선, 세 번은 삼선 의원, 이런 식으로 부르는 것도 아실 겁니다.

그런데 초선이냐 재선이냐, '선수'選數에 따라 국회에서 해당 의원의 역할 차이는 확연히 드러납니다. 국회직이나 당직 배분은 물론 정치적 역할을 맡을 때도 선수에 따른 '암묵적 원칙'이 비교적 엄격하게 적용되는 곳이 바로 국회이기 때문입니다. '선수만 제대로 이해해도 국회의 반은 안다'는 말이 과장만은 아닙니다.

국회 개원 마이크는 최다선 의원에게

예를 들죠. 총선이 끝나고 새로운 4년의 임기를 시작할 때 국회는 개원식을 엽니다. 개원식에서 의원들은 국회의장과 부의장, 상임위원장을 선출하죠. 그런데 국회의장이 없는 상태에서 의장을 뽑는 국회 본회의를 누가 진행할까요? 관례적으로 최다선 의원이 사회를 맡아 국회의장을 선출하고 신임 의장이 나머지 개원식을 진행합니다. 만약 선수가 같다면 연장자를 우대합니다. 선수에 따라 사회권을 주는 것은 매우 단순한 관례 같지만 선수가 국회운영 전반에 상당한 영향을 미침을 보여주는 상징적 전통입니다.

국회의장 선출도 선수가 중요

또 다른 예를 들죠. 국회의장은 의원들의 직접투표로 본회의에서 선출되지만, 본회의에 앞서 여당 의원들만 따로 모여 미리 후보 1명을 선출합니다. 이때도 선수는 의장 선출에 중요한 기준이 됩니다. 의원 개개인의 정치적 판단도 있겠지만 같은 조건이면 선수가 높은 의원을 뽑는 것이 관례입니다.

지난 18대 국회 전반기 의장 선거가 대표적 예입니다. 2008년 당시 한나라당 국회의장 후보로 5선의 김형오 의원과 4선의 안상수 의원이 출마했습니다. 김형오 의원은 '선수 우선 원칙'을 내세워 지지를 호소했고 안상수 의원은 '영남권에서 5선보다 수도권에서의 4선이 더 어렵다'는 논리로 의원들을 설득했습니다. 특히 안 의원은 17대 대통령 선거(이하, 대선) 당시 한나라당 원내대표를 맡아 정권 탈환에 큰 역할을

국회 개회식. 매년 9월 100일 동안 정기국회가 열리고 여야 합의에 따라 주로 짝수 달에 임시국회가 열린다. 선수에 따라 본회의장 좌석 위치도 달라진다. 주로 초선 의원들이 앞쪽, 다선 의원들이 뒤쪽에 앉는다.

했기 때문에 정치적 무게는 오히려 안 의원에게 쏠려 있다는 평가도 없지 않았습니다. 팽팽한 승부가 예상됐습니다. 그러나 결과는 김형오 의원의 낙승이었습니다. 당시 투표를 마치고 나온 의원들의 이야기를 모아보면 이유를 쉽게 알 수 있습니다.

"값은 값이면 선수가 중요하지. 4선 국회의장은 좀 약해."

"국회의장은 적어도 5선은 돼야 권위가 서지 않겠어. 그래야 야당 의원들도 설득할 수 있고."

보이지 않는 손, 선수

국회직 배분도 선수

국회의장 선출에만 선수의 원칙이 적용될까요? 그렇지 않습니다. 국
회 상임위원장과 간사를 선출할 때도 마찬가지입니다. '국회의 꽃'이
라고 부르는 상임위원장은 3선 의원, 여야 간사는 재선 의원이 맡는
것이 관행입니다. 일부 상임위는 예외적으로 재선, 초선 의원이 위원
장과 간사를 맡는 경우도 있지만 어디까지나 예외일 뿐입니다.

예를 들죠. 여야는 상임위원회의 위원장 자리를 어떻게 배분할지
미리 협상합니다. 협상 결과에 따라 여당이 몇 개 위원장, 야당이 몇
개 위원장을 맡을지 정해집니다. 만약 새누리당이 10개 상임위 위원
장을 맡기로 했다고 칩시다. 전반기 2년, 후반기 2년으로 나누면 모두
20명의 3선 의원이 필요합니다. 그런데 3선 의원이 20명이 되지 않으
면 재선 의원 가운데서 상임위원장을 맡을 수도 있습니다. 반대의 경
우도 있습니다. 새정치민주연합이 8개의 상임위를 맡기로 했다면 모
두 16명의 3선 의원이 위원장이 될 수 있습니다. 그런데 3선 의원이
16명이 넘는다면 3선이 되고도 위원장을 맡지 못하는 경우도 있습니
다. 이런 예외를 제외하고는 '상임위원장 3선' 관행은 비교적 엄격하
게 지켜집니다.

국회 의원회관 외경. 의원회관의 사무실을 배정할 때도
선수가 높은 의원에게 우선권이 주어진다. 주로 다선多選의원은 한강변이 바라보이는
경치 좋은 사무실이나 자신이 오랫동안 사용했거나 개인적 인연이 있는 사무실을 선호한다.

당직을 맡을 때도 선수

국회직뿐만 아니라 당직도 마찬가지입니다. 대표적 당직인 원내대표
의 경우 4선 의원이 기본이지만 정치적 상황에 따라 3선 의원도 맡을
수 있습니다. 그러나 5선 이상의 의원, 재선 이하의 의원이 원내대표
를 맡는 일은 거의 없습니다. 정책위의장의 경우도 3선 의원이 기본이
지만 장관 등의 정책 경험이 있다면 재선 의원도 가능합니다. 마찬가
지로 4선 이상 의원이나 초선 의원이 정책위의장을 맡는 일은 거의 없
습니다. 원내수석부대표는 대개 재선 의원이 맡습니다. 이런 원칙은
당헌·당규에 나오는 것도 아니고 법률로 정해진 것도 아닙니다. 하
지만 오랫동안 국회가 운영되면서 암묵적으로 지켜온 원칙이고, 이런
원칙이 국회를 지배합니다.

역대 최다선 9선 의원 김영삼, 김종필, 박준규

우리 헌정 사상 최다선 기록은 9선. 김영삼^{YS} 전 대통령, 김종필^{JP} 전 국무총리, 박준규 전 국회의장까지 3명이 9선 의원을 지냈습니다. YS는 최연소 국회의원, 최다선 의원의 기록을 함께 가졌습니다. 자유당 시절 25세라는 나이에 국회에 처음으로 입성해 거제에서 1번, 부산 서구에서 7번, 비례대표로 1번 당선됐습니다. 그 과정에서 민주화 투쟁에 이어 3당 합당으로 1992년 대선에 승리해 군부 종식과 함께 문민정부를 출범시키기도 했습니다.

5 · 16 군사정변(1961) 이후 정계에 입문한 JP는 1963년 민주공화당 소속으로 6대 국회에 입성한 이후 16대 국회까지 11 · 12대만 빼고 국회의원 배지를 9번 달았습니다. 9번 가운데 충남 부여에서 지역구 의원으로 6번 당선됐습니다.

박준규 전 국회의장은 1960년 민주당 후보로 5대 민의원에 당선되어 정계에 입문했습니다. 5 · 16군사정변 이후 공화당에 입당해 5~10대, 13~15대 등 국회의원 등원에 총 9번 성공했습니다. 특히 박 의장은 9번 모두 지역구(성동을 2회, 대구 달성 7회)에서 당선된 진기록을 갖고 있고, 국회의장도 3차례나 지냈습니다. 8선 의원 기록은 정일형 전 의원, 이만섭 전 국회의장, 김재광 전 국회부의장이 갖고 있습니다.

의원의 사고와 행동도 지배하는 선수

사법시험 기수보다 앞서는 선수

국회직이나 당직 배분에서만 선수가 적용되는 것은 아닙니다. 의원 개개인들의 국회 활동에서도 선수는 대단히 중요한 역할을 합니다. 예를 들죠, 지난 17대 대선 당시 한나라당 선거대책본부의 한 회의 장면입니다.

> **A 위원장** 위원 여러분들이 무슨 생각을 가졌는지 충분히 알았으니까 이번 사안은 제 의견을 따라 주십시오.
>
> **B 위 원** 봐라! 위원장! 이번 건은 내 말을 따르지. 그렇지 않으면 문제가 오히려 복잡하게 꼬일 수 있어. 그렇게 하자.
>
> **A 위원장** 나 원 참, 여기가 검찰이야. 3선 의원을 뭐로 보고 이래라 저래라 하는 거야. 더 이상 회의 못하겠네.

여기서 A위원장은 평검사 출신의 3선, B위원은 검사장 출신의 재선 의원입니다. 엄격한 기수 문화가 존재하는 검찰의 생리상 한참 선배인 B위원이 후배인 A위원장에게 공식 석상에서 말을 편하게 하다가 생긴 작은 다툼입니다. 물론 A위원장과 B위원은 곧바로 서로 사과했지만, A위원장의 뇌리 속에는 국회나 당 운영에 선수가 우선이라는 생각이 지배하기 때문에 가능한 언행이었을 겁니다.

이러한 예는 또 있습니다. 검찰의 기수 못지않게 엄격한 것이 언론사의 기수입니다. 19대 국회의원인 한 초선 의원은 자신보다 언론사

선수에 따라 국회의원의 위상과 역할이 크게 달라진다.
선수에 따른 국회운영의 원리만 이해해도 국회의 상당부분을 이해할 수 있다.

후배인 재선 의원이 동일 직군에서 서열상 높은 당직을 맡자, 언론사 선배임을 앞세워 강하게 반대했다가 주위에서 눈총을 받기도 했습니다. 물론 사석에서는 출신 고교나 고향, 업계 선후배를 따져 서로 깍듯하게 예우해 주지만 국회나 당에서는 선수가 우선임을 분명히 보여주는 사례입니다.

장관 출신 의원의 독특한 선수 계산법

엄격하게 선수가 적용되는 국회에도 암묵적 예외가 있습니다. 다음 대화를 보시죠.

A 의원 (재선) 형님 일정이 남으셨으면 제가 방에 먼저 가서 있을게요.

B 의원 (초선) 그럼 방 열쇠 여기 있어. A 의원 먼저 방에 가서 짐 풀고 쉬어. 나는 사람들이랑 이야기 좀 하다가 갈게.

A 의원 (재선) 예. 그럼 그렇게 하겠습니다. 방 열쇠 주시죠.

보통 9월 정기국회를 앞두고 여야는 당 소속 의원들이 1박 2일의 일정으로 참석하는 의원연찬회를 엽니다. 연찬회에서 같은 방을 쓰게 된 재선 A의원과 초선 B의원의 대화입니다. 이 대화를 우연히 듣게 된 제가 A의원에게 물었습니다.

"아니, 나이가 많은 연장자인 것은 알지만 다른 사람들도 함께 있는데 어떻게 초선 의원이 재선 의원에게 반말을 할 수 있죠?"

그러자 A의원이 답했습니다.

"물론 나이도 많긴 하지만 그것보다 B의원님은 장관을 하고 국회에 들어오셨는데, 그래도 재선 대접을 해드려야지."

그렇습니다. 행정부에서 장관을 거쳐 국회에 입성한 의원의 경우, 선수를 하나 더 늘려주는 것은 국회의 보이지 않는 관행입니다. 물론 입법부의 권한이 강화되면서 행정부 장관 출신 의원들에 대한 예우가 예전처럼 깍듯하지는 않지만 그래도 이런 관행은 여전히 남아 있습니다.

예를 들어 장관 출신 재선 의원이 보통 3선 의원이 맡는 정책위의장을 맡는 데 큰 무리가 없습니다. 의원들 사이에 사실상의 3선 의원이라는 인식이 남아 있기 때문입니다. 또 광역단체장을 지낸 의원도 선수를 하나 더 보태서 예우해 주는 경향도 최근 국회에 생겨나고 있습니다.

(기획예산처 장관 출신 새정치민주연합 장병완 의원 인터뷰 참고)

알 듯 모를 듯 0.5선

초선, 재선, 3선 의원, 이렇게 선수를 계산하는데 어떤 의원의 경우 농담 삼아 1.5선, 2.5선이라는 재미있는 표현을 쓰기도 합니다. 어떤 경우일까요? 국회의원의 임기가 4년인데 재보궐 선거(이하, 재보선)로 국회에 입성하는 분들도 있습니다. 예를 들어 임기가 2년 정도 지나고 재보선을 통해 국회에 들어온 의원은 임기가 2년밖에 남지 않습니다. 2년 뒤에 다시 선거를 치르고 재선에 성공했다면, 이 의원은 1.5선이 되는 것이죠. 쉽게 말해, 의원 임기 4년 가운데 실제 활동은 반밖에 못했다는 뜻이겠죠. 그렇다면 국회에서는 실제로 0.5선까지 엄격하게 따지는 걸까요? 이유는 뭘까요? 아래의 대화를 보시죠.

A 의원 (3.5선) 아니, 같은 4선끼리 왜 그렇게 폼을 잡으시나? 속된 말로 제가 국회에서 B의원의 지시를 받을 짬밥은 아니잖아요?

B 의원 (4선) 당신은 왜 자꾸 나랑 같이 놀려고 그래. 내가 당신보다 국회 짬밥을 먹어도 훨씬 더 먹었잖아. 당신은 엄격히 말하면 3.5선 아니냐?

A 의원 (3.5선) 그럼 국회에서 그렇게 오래 계신 분이 당을 위해 한 일은 뭡니까?

두 사람의 대화는 실제 술자리에서 있었던 일입니다. 남들이 보기에는 다 같은 4선 의원이고 당의 중진인데, 술이 한잔 들어가면 0.5선까지 엄격히 따지는 것을 볼 수 있습니다. 왜 그럴까요? '국회에서 얼마나 오래 일했느냐'는 경험을 무엇보다 중요시하는 국회 특유의 문화 때문일 것입니다.

저도 처음에는 초선, 재선이면 몰라도 선수를 0.5까지 구분하는 것에 대단히 부정적인 생각을 가졌습니다. 그러나 국회를 오래 취재하면서 국회만큼 경험이 중요한 곳도 없다는 생각을 갖게 되면서 어느 정도는 이해하게 됐습니다. 물론 그렇다고 동의한다는 뜻은 아니고요.

국회 본회의장으로 통하는 중앙홀(일명 '로텐더홀') 입구 계단.

장병완

1952년생. 행정고시 17회로 공직에 입문해 기획예산처 예산실장과 차관, 장관
을 지냈다. 이후 호남대 총장 등을 거쳐 18대 국회 광주 남구에서 민주통합당
후보로 출마해 정계에 입문한 뒤 재선에 성공했다. 민주당 광주시당 위원장과
새정치민주연합 정책위의장을 지냈다.

행정부 우위의 무게추가 입법부로 이동

행정부에서 장관을 지내고 국회에 진출했는데 특별한 이유가 있었습니까?

경제기획원과 기획예산처 등 재정당국에서 공직생활을 하며 30여 년을 보냈기 때문에 국정 전반을 두루 살펴볼 기회가 누구보다도 많았습니다. 특히, 공직생활 중 습득한 경험이 국회의원으로서 국가발전에 큰 기여를 할 수 있으리라 생각했습니다.

장관 출신 의원입니다. 주변 의원들의 예우는 어떻습니까?

장관의 경험은 정책결정 과정에서 보다 넓은 시각과 균형감각을 가지는 데 비교우위에 있다고 생각합니다. 때문에 장관 출신 의원에게 한 선수를 더 배려하는 관행이 있어 온 것이 사실입니다. 그러나 현재는 장관 출신이라는 것만으로 선수를 예우해 달라고 요구할 분위기는 아닙니다.

행정부의 장관으로서, 그리고 의원으로서 상임위에 모두 참석한 경험이 있습니다. 서로 자리가 바뀌었는데 나름대로 느낀 소회가 있습니까?

장관 시절엔 의원들의 전문성이 부족하다고 평가 절하했던 면이 있습니다. 반대로 의원으로서 장관들을 볼 때는 국가와 국민보다는 너무 대통령만 바라본다는 생각을 합니다. 서로 상대방의 입장을 이해하려는 소통이 절실히 요구됩니다. 17대 국회 이후 이러한 소통이 너무 부족한 것이 현실이죠. 안타깝습니다.

현재 의원으로서 행정부 관료들에게 바라는 점이 있습니까?
우리나라가 선진국 진입 단계에 들어서면서 과거 행정부 일변도의 정책 수립이나 집행이 더는 통용되지 않는 것이 현실입니다. 즉, 행정부 우위의 무게추가 입법부 쪽으로 많이 이동했음을 인정하고 행정부 관료들이 입법부와 소통하려는 실질적 노력을 기울여야 합니다.

행정부 고위관료 출신 가운데 국회 진출을 바라는 분들이 많습니다. 어떤 조언을 줄 수 있을까요?
국민을 위해 봉사하는 측면에서 행정부나 입법부에 차이가 없습니다. 그러나 국민을 대변해야 하는 국회의원은 국민 실생활과 괴리되어서는 안 되기 때문에, 국회 진출을 원한다면 평소에 국민들과의 스킨십을 축적해두는 것이 매우 중요합니다. 따라서 관료생활 중에도 본인 거주지나 고향, 또는 관심 분야의 시민사회단체 등과 교류의 폭을 넓히는 것이 국회진출에 도움이 될 것입니다.

비례대표 의원과
지역구 의원

비례대표 의원 어떻게 선출되나?

정당 득표율 따라 선출

비례대표 제도가 도입된 것은 지난 1963년에 치러진 5대 국회의원 선거 때입니다. 5·16 군사정변(1961)으로 집권한 군부세력이 〈선거법〉 개정으로 전체 의석의 4분의 1을 정당 득표율에 따라 배분한 것이 비례대표제의 시작입니다. 그러다 9~10대 국회에서는 통일주체국민회의에서 간접선거로 비례대표 의원을 선출했습니다.

이후 11대 국회부터 16대 국회까지는 정당의 지역구 의석에 비례해 비례대표 의원을 선출하거나(12, 13, 14대) 정당 득표율에 따라 배분하는(15, 16대) 등의 다양한 방식으로 비례대표 의원을 뽑았습니다. 특히 이때 선출된 비례대표 의원을 전국구 의원이라고 부릅니다. 17대 국회부터는 지역구 후보에 1표, 정당에 1표씩 투표하는 1인 2표제로 바뀌면서 정당별 비례대표제가 정착됐고 오늘에 이릅니다.

전국구全國區 아닌 전국구錢國區

비례대표 의원은 지역구 의원과 달리 자기 지역의 일꾼을 직접투표로 선출하는 방식이 아니기 때문에 아무래도 관심이 떨어지기 마련입니다. 그러나 총선 때가 되면 비례대표 의원의 예비 명단이 담긴 공보가 각 가정마다 배달되고 정치적 비중도 결코 작지 않습니다. 그렇다면 비례대표 의원의 명단과 순서는 누가 결정할까요?

비례대표 의원이 전국구全國區 의원으로 불렸던 11~16대 국회는 군부 독재 시대와 '3김 시대'로 부르던 때입니다. 특히, 전두환 정권 출범 이후 처음 치러진 11대 국회를 포함해 적어도 4~5번의 총선은 권력을 잡은 몇몇 핵심인사에 의해 전국구 의원의 명단과 순서가 결정됐습니다. 때문에 전국구 의원 가운데 일부는 당선 안정권에 드는 순서를 받기 위해 핵심인사에게 수십억 원의 '공천 헌금'을 내고 '전국구 번호표'를 받기도 했습니다. 선거자금이 부족했던 야당의 사정도 크게 다르지 않았습니다. 14대 의원을 지낸 한 원로 정치인의 증언입니다.

"사람의 '그레이드'에 따라 전국구 헌금의 액수가 달라지는데, 당선 안정권에 가려면 40~50억 원은 내야 하지. ○○○ 의원은 전국구 명부작성 막판에 갑자기 몇 사람이 중도하차하는 바람에 20억 원만 내고 전국구 배지가 된 운 좋은 케이스이고. 물론 총선이나 대선에 반드시 필요한 사람이라면 돈을 안 내고 전국구 순번을 받는 사람도 있지만 드물다고 봐야지. 한편 생각하면 어차피 선거해도 그 돈은 드는데 그냥 깔끔하게 공천 헌금 내고 배지 받는 것도 나쁘지는 않지."

상황이 이러니 전국구 全國區가 아닌 전국구 錢國區 의원이라는 비판은 당연했겠죠.

정책 · 다양성 확보 비례대표 의원

이후 불법 정치자금에 대한 사회적 비판이 커지고 각종 불법 정치자금 수사와 〈정치자금법〉 개정 등을 거치면서 돈을 내고 비례대표 의원을 받는 관행은 거의 사라졌습니다. 대신 다양한 계층과 직역 대표, 정책 전문가, 사회 명망가, 사회적 약자층 등이 비례대표 의원 명단을 채우기 시작했습니다. 이렇게 된 배경에는 지역구 의원으로 대변하기 힘든 계층이나 직역의 목소리를 받아 안아야 총선에서 승리할 수 있다는 정치권의 판단 때문입니다. 또 상당한 정책 역량을 가진 분들을 국회로 유인할 대안도 필요했죠. 결국 현재의 비례대표 의원은 한 정당이 추구하는 정치 이념과 정책을 달성하고 이를 유권자들에게 상징적으로 보여주는 수단으로 활용됩니다.

비례대표 의원의 빛과 그림자

총선의 상징, 비례대표 1번

비례대표 의원의 중요성이 커지면서, 총선 때가 되면 비례대표 의원 1번은 언론의 상당한 주목을 받습니다. 한 정당이 총선에 나서는 전략이나 목표를 비례대표 1번을 통해 상징적으로 보여주기 때문입니다.

19대 총선 비례대표 의원으로 국회에 입문해 새누리당과 새정치민주연합 대변인을 맡은 민현주(왼쪽), 한정애(오른쪽) 의원. 비례대표 의원 가운데 상당수는 지역구 의원으로 재선의 고지를 밟기 희망한다.

18대 총선에서 한나라당은 비례대표 명단 맨 앞줄에 빈민 운동의 대모인 강명순 목사를, 통합민주당은 여성 금융전문가인 이성남 전 금융통화위원을 세웠습니다. 이명박 정부 출범 이후 한나라당은 서민과 빈민층을 배려한다는 이미지를 주고 싶었고 통합민주당은 여성 경제전문가를 내세워 수권 정당으로서의 면모를 보여주려는 전략이 깔려 있습니다.

대선을 앞두고 치러진 19대 총선에서 새누리당은 여성 과학자인 민병주 박사를, 민주당은 전태일 열사의 여동생인 전순옥 박사를 비례대표 1번으로 배치했습니다. 새누리당은 여성 과학자를 통해 창조 경제, 제2의 한강의 기적, 경제 부흥 등을 부각시키고 싶었고 민주당은 이명박 정부 때의 민주주의 후퇴와 정권 탈환의 의지를 상징적으로 보여주고 싶었기 때문일 겁니다.

(19대 총선 새누리당 비례대표 1번 민병주 의원 인터뷰 참고)

비례대표 의원은 전세, 지역구 의원은 내 집

비례대표 의원의 상징성에도 불구하고 지역구 의원과는 큰 차이가 있습니다. 표현에 다소 무리가 있지만 이해를 돕기 위해 쉽게 설명하면, 지역구 의원의 위상이 훨씬 더 높습니다.

예를 들죠. 비례대표 의원 가운데는 상당한 정책 전문가가 많습니다. 대선을 전후해 영입된 분들이죠. 만약 대선에서 승리해 장관이나 청와대 수석으로 자리를 옮기면 비례대표 의원은 의원직을 사퇴하는 것이 불문율입니다. 이명박 정부 때 이달곤 행정안전부 장관, 김효재 청와대 정무수석, 박근혜 정부에서 안종범 청와대 경제수석 등이 대표적입니다. 비례대표 의원이 의원직에서 물러나면 비례대표 차기 순번이 의원직을 계승합니다.

그러나 지역구 의원은 다릅니다. 장관이나 청와대 수석으로 간다고 해서 의원직을 사퇴하거나 지역구를 포기하는 일은 없습니다. 이명박 정부 지식경제부 장관과 박근혜 정부 경제부총리를 맡은 최경환 의원, 이명박, 박근혜 정부에서 보건복지부 장관을 맡았던 전재희 전 의원, 진수희 전 의원, 진영 의원 등은 모두 지역구 의원직을 유지했습니다. 즉, 비례대표 의원의 장관 겸직은 관례상 힘들지만 지역구 의원은 가능합니다.

왜 일까요? 비례대표 의원도 하면서 장관까지 하는 것은 2번의 특혜라는 인식이 정치권에 강하게 깔려 있기 때문입니다. 반면 지역구 의원은 치열한 선거를 거쳐 당선된 만큼, 본인은 물론 지역주민을 위해서라도 함부로 사퇴할 수 없다는 공감대가 형성되어 있습니다. 좀더

2014년 7·30 재보선에서 유세 중인 새누리당 이정현 의원.
이 의원은 18대 비례대표 의원을 지냈다가 재보선을 통해 지역구 재선 의원이 된 드문 경우이다.
특히, 소선거구제 시행 이후 처음으로 전남에서 보수정당 후보로 당선돼 큰 평가를 받았다.

거칠게 표현하면, 장관하려고 지역구 의원을 포기할 수는 없다는 겁니다. 때문에 정치권에서는 비례대표 의원을 '언제든지 방을 뺄 수 있는 전세입자, 지역구 의원은 자택 보유자'라고 빗대 부르기도 합니다.

비례대표 의원, 지역구 의원으로 거듭나기

그렇다면 비례대표 의원을 하다가 다음 총선에서 지역구에 출마할 수 있을까요? 당연합니다. 정치를 계속하려는 비례대표 의원들에게 가장 이상적 방법입니다. 하지만 현재의 정치상황에서 확률적으로 쉬운 일은 아닙니다. 비례대표 의원 가운데 지역구 공천으로 차기 총선에

새누리당 지도부가 민생 현장을 찾은 모습. 지역구 의원 대부분은 의정활동 상당부분을 지역구 현장을 찾는 데 할애한다. 반면 지역구가 없는 비례대표 의원은 전문성을 살려 정책활동에 주력해야 한다.

박근혜 대통령과 여야 원내 지도부 회동. 여야 지도부를 맡는 의원 대부분은 지역구 의원이다. 지역구 의원은 주민의 직접투표로 선출되는 만큼, 비록 초선이라 하더라도 정치적 비중이 작지 않다.

44

에 출마하는 경우가 많지 않고 출마하더라도 선거에서 승리해 재선 고지에 오르기도 어렵습니다.

예를 들죠. 18대 국회 새누리당 비례대표 의원 20여 명 가운데 새누리당 공천으로 19대 총선이나 재보선에 출마한 의원은 4명에 불과하고 이 가운데 당선되어 19대 국회에 입성한 사람은 두 명밖에 없습니다. 그나마 한 사람은 2014년 7·30 재보선에서 당선된 이정현 의원이니까, 엄격하게 따지면 19대 총선에서 당선된 사람은 1명밖에 없습니다. 1/20의 확률이죠. 새정치민주연합도 큰 차이는 없습니다.

때문에 비례대표 의원들은 국회의원 한 번을 끝으로 본업으로 돌아갈 것인가, 아니면 정치를 계속할 것인가를 1~2년 이내에 결정해야 합니다. 만약 정치를 계속하려면 지역구 가운데 위원장 자리가 빈 곳 등을 찾아 지역위원장을 맡고 차기 총선을 준비해야 합니다. 18대 국회 장관 출신의 한 비례대표 의원이 또 다른 비례대표 의원에게 한 조언은 이런 현실을 잘 말해줍니다.

"나야 장관까지 한 뒤에 비례 배지를 받았으니까 4년 뒤에는 끝이지. 욕심도 없어. 그러나 자네는 이제 나이가 50대 초반인데 대학으로 돌아갈 생각 없으면 지금부터라도 지역구 찾아. 당 지도부와 좋은 관계도 유지하고. 막판에 총선이 임박하면 지역구 찾기는 더 힘들어져."

(비례대표 출신 지역구 의원 새정치민주연합 김상희 의원 인터뷰 참고)

권역별 비례대표제 도입

그럼에도 비례대표 의원은 우리 정치에서 정책역량 강화, 다양성 확보, 각계각층의 민의 수렴 등 여러 순기능을 갖습니다. 한발 더 나아가 권역별 비례대표를 도입해야 한다는 목소리도 높습니다. 현재의 비례대표제는 전국을 하나의 단위로 묶어 비례대표 명부를 작성하지만, 권역별 비례대표제는 전국을 몇 개의 권역으로 나눠 그에 따라 비례대표 의원을 선출하자는 것입니다.

예를 들어 영남권 비례대표 명부를 따로 작성한다고 가정해 보죠. 총선에서 새누리당 70%, 새정치민주연합 20%, 군소정당이 10%를 득표했다면, 이 비율에 맞게 비례대표 의석을 배분하는 겁니다. 이렇게 되면 영남권에서 새정치민주연합 의원이, 호남권에서도 새누리당 의원이 탄생할 수 있습니다. 현행 소선거구제를 유지하면서도 정치권의 오랜 병폐인 지역 구도를 상당히 완화시킬 수 있는 장점이 있습니다.

실제로 한 언론의 조사에 따르면, 우리나라의 정치학자와 정치평론가 가운데 상당수(20명 가운데 15명)가 권역별 비례대표제 도입에 찬성한다고 합니다. 다만 지역구 의원과의 경계가 모호해질 수 있고 기존 전국단위 비례대표의 장점까지 살리려면 300명인 의원 정수를 늘려야 하는 등의 논의가 필요합니다.

국회 본회의장을 빠져나오는 새정치민주연합 의원들. 여야를 떠나 다선 의원 대부분은 지역구 의원이다. 지역구는 의원의 정치적 기반이다. 어느 지역구에서 당선되느냐에 따라 정치적 성향도 상당부분 갈린다.

민병주

1959년생. 일본에서 원자핵물리학 박사학위를 받은 뒤 한국원자력연구원 연수원장, 대한여성과학기술인회 회장 등을 거쳐 19대 국회 새누리당 비례대표 1번으로 정계에 입문했다. 19대 국회 미방위원 등을 거쳐 새누리당 대전광역시 유성구 당협위원장을 맡고 있다.

당의 가치와 정책을 상징하는 비례 1번

비례대표 1번 의원으로 선출된 이유는 무엇이라 보십니까?

아시겠지만 비례대표 의원은 각 정당의 득표수에 따라 선출됩니다. 때문에 당에서는 당의 가치를 상징하고 정책을 대변할 수 있는 전문가를 비례대표 1번을 포함해 당선 안정권 번호에 배정하죠. 당시 박근혜 대표가 11번이었으니까 비례 1번은 제게 큰 영광이죠. 당에서는 과학자로서의 전문성을 바탕으로 '과학기술기반 창조경제', '경제활성화', '여성'에 대한 정책적 배려를 위해 저를 비례 1번으로 선출하지 않았나 생각해요.

당에서는 비례대표 의원에게 정책 전문성이나 직능 대표성을 기대합니다. 당에서 기대한 역할을 어느 정도 해냈다고 보십니까?

의정활동을 자평하는 것은 부담스럽지만, 지난 2년 반 동안 국회 미래창조과학방송통신위원회 활동을 통해 과학기술, 원자력안전, 방송통신 분야에서 '새누리당 국정감사 우수의원상'을 2년 연속 수상하면서 당에서 기대하는 역할은 충분히 해냈다고 생각합니다. 'NGO모니터단 국정감사 우수의정상' 3년 연속 수상, 한국과학기술단체총연합회

'대한민국 국회 과학기술 우수의정상' 3년 연속 수상 등도 의정활동의 소중한 자산이죠.

현재 당원협의회 위원장을 맡고 있지만 지역구 의원과 비교해 의정활동에 한계도 느꼈을 것 같습니다.

새누리당 비례대표 1번으로 주어진 역할에 충실하고자 노력했고 이런 노력 덕분에 당에서도 대전 유성구 당협^{당원협의회} 위원장이라는 중책을 맡긴 것으로 이해하고 최선을 다합니다.

정책 연속성을 위해 비례대표 의원에게 비례로 재선 기회를 줘야 한다는 의견도 있는데 이에 대해 어떻게 생각하십니까?

바라보는 관점에 따라 국회의원의 역할에 대해 다양한 의견이 나올 수 있죠. 어떤 분은 특혜라고 할 수 있고 다른 입장에서는 주요 정책의 연속성을 위해 필요하다고 볼 수도 있겠죠. 개인적으로 일 잘한 비례대표 의원에게 재선 기회를 줄 필요성은 충분히 있다고 봅니다. 다만 옳고 그름의 문제가 아니라 당과 국민의 의견을 종합해 판단할 문제라고 생각합니다.

김상희

1954년생. 한국여성민우회 상임대표 등 오랜 시민사회 활동을 거쳐 18대 국회 민주당 비례대표 의원으로 정계에 입문했다. 통합민주당 최고위원, 민주당 원내부대표 등을 거쳐 19대 국회 경기도 부천시 소사구에 출마해 지역구 의원으로 재선에 성공했다. 19대 국회 여가위원장을 지냈다.

당이 어려운 지역구에 출마하는 것이 도리

비례대표 의원을 하다 지역구를 맡기가 쉽지 않습니다. 어떻게 현재 지역구를 맡게 되었습니까?

여성 및 시민사회단체를 대표해 비례대표 의원이 됐기 때문에 당이 어려움을 겪는 지역구에 출마하는 것이 당에 대한 도리라고 생각했어요. 부천 소사구는 1996년 이후 16년간 신한국당, 한나라당, 새누리당의 아성 지역이었습니다. 김문수 전 경기지사의 지역구이기도 했죠. 때문에 당에서도 전략적으로 지역위원장 임명을 추진해 부천 소사를 맡게 됐습니다.

지역구에서 재선에 성공하는 등 지역에 뿌리를 잘 내렸다는 평가를 받습니다. 이유가 무엇이라 생각하십니까?

지역구와 인연이 없는 상태에서 주민들과 대면 접촉에 집중한 것이 주효했다고 봅니다. 소사구는 아파트보다 일반주택이 많은 곳입니다. 따라서 지역구 골목골목을 다니면서, 주민들에게 '소사댁 김상희'라는 별명까지 얻을 정도로 열심히 뛰었습니다. 다만, 국회가 열릴 때는 국회에 집중해야 하는데 이 점을 주민들에게 이해시키기 쉽지 않았습니다.

비례대표 의원과 지역구 의원의 의정활동 차이는 무엇이라 생각합니까?
가장 큰 차이는 정치적 고향이 생겼다는 점입니다. 비례대표는 자신
의 소신을 중심으로 모든 것을 판단하지만, 지지기반이 분명하지는
않습니다. 반면 지역구 의원은 지역구 유권자의 의견을 수렴하여 판
단하고 자신의 지지기반이 어디인지 명확히 자각하게 됩니다. 입법,
예산 심의활동 등에도 의식적·무의식적으로 지역구 유권자들을 생
각할 수밖에 없습니다.

비례대표로서 의정활동 경험을 쌓고 지역구 의원으로 간 장점은 무엇입니까?
국회의원으로서 의정활동과 지역구 활동을 균형감 있게 할 수 있게 됐
다는 것이 장점입니다. 김대중 전 대통령께서 말씀하신 '서생적 문제
의식과 상인의 현실감각'을 자연스럽게 체득할 수 있는 기회가 됐다는
뜻입니다.

국회의장단과
상임위원회

국회를 구성하는 국회의장단과 상임위원회

도대체 원 구성 협상이 뭐기에?

먼저 아래의 기사를 읽어보시죠.

국회는 오늘 본회의를 열어 19대 국회 후반기 상임위원장단을 선출
하려고 했지만 여야 간 원 구성협상이 난항을 거듭해 일정에 차질이
우려됩니다. 여야는 현재 국회 예산결산특별위원회와 정보위원회의
운영방식 개선과 상임위별 법안심사소위 복수화 등을 놓고 이견을
보입니다. 여야 원내지도부는 오늘 국회에서 수시로 접촉하며 의견
조율을 시도할 예정입니다.

- 2014년 6월 모 방송사 정치면 기사

신문기사와 달리 방송기사는 비교적 알기 쉽게 쓰입니다. 그럼에도
원院 구성협상이 무엇인지 위의 기사를 보고 명확히 아시겠습니까?

56

국회 예산결산특별위원회(이하, 예결특위)나 정보위 운영과 관련된 협상이 원 구 협상일까요? 물론 아닙니다. 문제는 기사를 쓰는 정치부 기자 가운데도 뜻을 정확하게 설명해 보라고 한다면 제대로 말하지 못하는 사람들이 부지기수입니다.

원 구성협상은 국회의장단과 상임위원회를 어떻게 구성할 것인가 여야가 결정하는 것입니다. 왜냐하면 국회는 〈국회법〉에 따라 의장단과 상임위원회 등으로 구성되고 원 구성이 되지 않으면 국회 조직 자체가 없는 셈입니다. 따라서 여야가 각자 정당활동을 할 수 있지만 법을 만들고 정부를 견제하는 등의 국회 본연의 역할은 할 수 없습니다. 따라서 여야가 언제 국회의장과 부의장을 선출하고 몇 개의 상임위원회를 둘 것이며, 상임위원장은 여야 의원 가운데 누가 맡을지 결정하는 것이 원 구성협상입니다.

그렇다면 원 구성협상은 언제 할까요? 국회(의원) 임기 4년 동안 두 차례의 원 구성협상이 있습니다. 총선이 끝나고 국회를 처음 시작할 때 한 번(전반기), 임기 2년을 마치고 다음 임기 2년을 시작할 때(후반기) 한 번, 총 두 번에 걸쳐 원 구성을 하게 됩니다. 하지만 후반기 2년은 전반기의 예를 따르는 경우가 많아, 진정한 의미에서의 원 구성협상은 국회를 새로 시작할 때 이뤄진다고 보면 됩니다. 여야의 국회 첫 협상인 만큼 당연히 '샅바싸움'이 치열하겠죠.

19대 국회 후반기 정의화 국회의장.
국회를 대표하는 국회의장은 여당 의원이 맡고,
부의장은 여야 의원 가운데 1명씩 선출한다.
임기는 2년이다.

국회를 대표하는 의장단

그럼 상임위원회와 함께 국회를 구성하는 국회의장단 선출에 대해 먼저 알아보도록 하죠. 국회의장단은 국회의장 1명과 국회부의장 2명으로 이뤄집니다. 국회의장은 집권 여당의 의원 가운데 맡는 것이 관례이며, 국회의장으로 선출되면 여야에 치우치지 않고 입법부 전체를 대표한다는 의미에서 정당의 당적을 포기합니다. 때문에 국회의장은 무소속 의원입니다.

의장단 선출은 국회 본회의에서 이뤄집니다. 여당은 의원총회에서 의장 후보 1명과 부의장 후보 1명을 선출하고 야당은 부의장 후보 1명을 의원들의 직접투표로 선출합니다. 이어 원 구성협상 타결 이후, 여야는 가장 먼저 열리는 본회의에서 미리 결정한 단수 후보를 국회의장과 부의장으로 공식 선출합니다. 여야가 각각 결정한 의장단 후보를 본회의에서 거의 만장일치로 통과시키는 것은 오랜 관행입니다.

국가 의전서열 2위 국회의장

3부 요인 가운데 한 사람이자, 대통령에 이어 국가 의전서열 2위인 국회의장. 그러나 국회를 대표하는 상징성 외에 의장의 실질적 권한은 많지 않습니다. 국회운영의 실제 권한은 교섭단체 대표인 여야 원내대표에게 있고 의장은 여야 합의를 바탕으로 원만하게 국회를 운영할 상징적 의무를 갖습니다. 특히 〈국회선진화법〉이 통과되면서 국회의장의 직권상정 요건이 상당히 제한되어 국회운영에 관여할 수 있는 권한은 더 줄었다고 볼 수 있습니다.

그렇다고 국회의장이 단지 상징적인 자리일까요? 그렇지 않습니다. 헌법 등에는 국회의장의 권한을 아래와 같이 설명합니다.

1 임시국회 소집공고권

2 정기국회 집회 공고권

3 원내질서 유지권

4 의사정리권

5 사무감독권

6 국회대표권

7 국회의 위임에 의한 특별위원 선임권

8 국회에서 가결된 의안의 정부에의 이송권

9 궐석의원의 보궐선거를 정부에 요구하는 권한

10 의원의 청가허가권

11 폐회 중에 있어서의 의원사직 처리권

12 의안을 심사할 위원회의 선택결정권

13 국회 내 경호권

14 방청 허가권

15 발언 허가권

16 발언 중지권

17 법률안이 정부에 이송된 후 15일 이내에 대통령이 공포나 재의를 요구하지 않아 법률로 확정된 경우나, 대통령의 재의요구에 대하여 국회가 전과 같이 재의결하여 법률로 확정된 경우에 국회의장은 확정 법률이 정부에 이송된 후 5일 이내에 대통령이 공포하지 않는 경우에는 이를 공포할 권한을 갖는다.

쉽게 설명하면 국회가 원활하게 운영되도록 의사일정을 정리하고 발언을 허가하거나 금지하며, 의원의 사직서 처리여부 결정은 물론 경호권을 발동해 국회 내의 질서를 유지할 수도 있습니다. 18대 국회의 〈미디어법〉이나 새해 예산안 처리 당시 여야 대치가 심해지자 국회 경위들이 단상을 점거한 의원들을 끌어내는 장면을 보셨을 겁니다. 국회의장이 질서유지나 경호권을 발동했기 때문입니다. 뿐만 아니라 장관급인 국회 사무총장과 차관급인 입법조사처장, 예산정책처장 등에 대한 인사권도 갖습니다.

그러나 눈에 보이는 권한 외에 '국회의 어른'으로서 정치적 역량을 발휘해야 하는 점은 의장의 권한이자 의무이기도 합니다. 여야 협상이 교착상태에 빠져 있을 때, 여야 원내대표 등을 불러 국회의 수장으로서 협상을 중재하기도 하고, 때로는 행정부를 견제하는 등 다양한 영향력을 발휘합니다. 원내대표를 지낸 한 중진 의원은 국회의장의 역할을 이렇게 설명합니다.

"국민들은 국회의장이 누군지도 몰라야 한다. 그래야 국회가 원활하게 돌아간다는 신호다. 그러기 위해 의장은 끊임없이 물밑에서 여야 협상을 도와야 한다. 국회의장이 정치의 전면에 등장하고 언론에 오르내리는 것 자체가 국회운영에 문제가 있다는 방증이다."

(14·16대 국회의장 이만섭 전 의원 인터뷰 참고)

19대 국회 후반기 사무총장인 박형준 전 의원 (왼편).
본회의에서 의결을 거치긴 하지만 사실상 국회의장이 국회 사무총장을 임명한다.

국회 사무총장

국회 사무총장은 국회의장단을 구성하는 멤버도 아니고 현역 의원이
맡는 자리도 아닙니다. 다만 국회의장이 여야 원내대표와 협의해 국
회 본회의 의결을 거쳐 임명하는 자리입니다. 하지만 장관급 예우를
받고 국회 사무처 직원들의 인사권을 가질뿐더러 국회운영의 지원업
무를 총괄하는 영향력 있는 자리입니다. 보통 여권 출신의 전직 다선
의원이 맡는 경우가 많은데, 국회의장이 실질적 임명권을 가진 자리
가운데 가장 고위직입니다.

상임위원장 득표수로 보는 '의원 인기도'

국회의장이나 부의장과 마찬가지로 국회 상임위원장도 의원들의 무기명 투표로 선출합니다. 물론 여야 내부적으로 상임위원장을 내정하거나 선출한 다음에 단수 후보를 국회 본회의에 올리죠. 대부분 여야 의원은 위원장 출마자에게 찬성표를 던집니다.

그런데 반드시 그런 것은 아닙니다. 일부 상임위원장 후보 가운데는 당 내부적으로 적이 많거나, 여야 관계가 매끄럽지 못한 후보가 분명히 있습니다. 이런 후보에게는 반대표가 상당히 나옵니다. 투표에 참가하는 의원이 299명이라면, 여야 의원 전체에게서 평판이 좋은 의원은 찬성표가 270~280표가 나오고, 보통은 250~260표 정도가 나옵니다. 그러나 일부는 찬성표가 220~230표에 그치는 위원장도 있습니다. 제가 본 어떤 상임위원장은 210표를 조금 넘게 받은 분도 있습니다. 당 내부적으로 평가가 좋지 않은 의원이었습니다.

그래서 국회 경험이 많은 정치부 기자들은 상임위원장 득표수를 보고 의원 내부의 평판은 가늠합니다. 때문에 한 상임위원장은 이런 말을 하더군요.

"물론 부결되지는 않겠지만, 사실 본회의에서 찬성표가 적게 나올까 걱정했어. 최소 250표는 받아야 하는데 표가 적으면 엄청 망신이잖아."

국회운영의 기본, 상임위원회

국회 상임위원회란?

법률적으로 말하면, 국회에 설치되어 국회 본회의 부의에 앞서 의안과 청원 등을 심사하는 위원회를 상임위원회(이하, 상임위)라고 합니다. 쉽게 말하면 행정부 각 부처의 안건을 심사·의결하는 국회의 위원회를 말합니다. 예를 들면 정부 부처 가운데 기획재정부와 국세청 등 관련기관을 담당하는 위원회는 국회 기획재정위원회, 국방부나 관련기관을 담당하는 국회 국방위원회, 이런 식이죠.

상임위는 소관 부처의 규모와 수, 업무량에 따라 20~30명 안팎의 위원(국회의원)들로 구성되고 교섭단체 의원들을 대표하는 간사가 있고, 위원회 전체를 대표하는 위원장이 있습니다. 19대 국회로 예를 들면, 상임위는 교섭단체인 새누리당과 새정치민주연합 의원, 그리고 군소정당 의원 등 20~30여 명이 정당의 의원 비율에 따라 위원으로 참여합니다.

위원 가운데 새누리당 위원 대표를 여당 간사, 새정치민주연합 위원 대표를 야당 간사라고 부릅니다. 상임위원장과 간사는 원칙적으로 각 당의 원내대표가 선임권을 가졌지만, 상임위원장 가운데 지원자가 많아 사전 조정이 불가능하면 의원총회에서 투표로 후보를 선출하기도 합니다.

공직후보자 인사청문회를 위해 임시로 설치된 특별위원회

상임위원회와 상설 특별위원회, 그리고 특별위원회

국회에는 소관 부처 등에 따라 16개의 상임위가 있고, 상임위 외에 상
설 특별위원회 2개도 있습니다. 정부의 예산안 심사와 의결 등을 담당
하는 국회 예결특위와 윤리특별위원회입니다. 다만, 16개의 상임위
에 배속된 의원들이 특별위원회에 위원으로 다시 참여할 수 있습니
다. 예를 들어 어떤 의원은 국회 기획재정위원회 위원이면서 예결특
위 위원이기도 하죠. 참고로 상임위 위원 임기는 2년이고 예결특위만
위원 임기가 1년입니다. 왜 예결특위의 임기가 짧은지 아시죠? 그만
큼 권한이 막강해 여러 의원이 돌아가면서 맡기에 짧을 수밖에요.

상임위와 상설 특별위원회를 제외하고 활동기한이 정해져 있는 비상설 특별위원회도 있습니다. 인사청문회를 위해 잠시 만들어지는 인사청문특별위원회가 대표적이고, 특정 국가사안에 따라 만들어지는 특별위원회(이하, 특위)도 있습니다. 평창동계올림픽지원 특별위원회 같은 경우이죠.

상임위원회 인기도 천차만별

그럼 국회의원의 상임위 배속은 어떻게 결정될까요? 먼저 의원 본인이 자신의 전문성, 지역구 현안, 당내 사정 등을 감안해 원내대표에게 1, 2, 3순위로 희망 상임위를 요청합니다. 예를 들어, 지역구에서 지하철 건설 등이 숙원사업이라면 국토교통부를 담당하는 국회 국토교통위원회, 교육문제에 관심이 많은 도심지역이라면 교육부를 담당하는 국회 교육문화체육관광위원회(이하, 교문위원회) 등에 지원하겠죠. 또 본인이 금융분야 전문가라면 금융위원회 등을 담당하는 국회 정무위원회를 원할 수도 있습니다.

　　그런데 원 구성협상을 즈음해 의원들에게서 희망 상임위를 받은 다음부터 원내대표는 머리가 아프다고 합니다. 의원들이 원하는 상임위가 다들 비슷하기 때문입니다. 조금씩 차이가 있지만 예전에는 지역구 건설사업이 많아 국회 국토교통위원회가 가장 인기 있는 위원회였고, 최근에는 교육에 관심이 많아 교문위원회도 인기 상임위입니다. 중앙정부가 지역구에 줄 수 있는 특별교부금을 확보할 수 있는 국회 안전행정위원회 등도 인기 위원회입니다. 중진 의원들은 대체로 국가적 현안을 다루는 국회 외교통일위원회, 국회 기획재정위원회 등을 선호합니다.

아무튼 특정 상임위로 지원자가 몰리면 이를 조정하는 권한은 원내대표에게 있습니다. 조금 뒤에 설명하겠지만 의원들의 국회 내 활동과 관련된 대부분의 권한은 원내대표에게 있습니다. 때문에 상임위를 배분할 때 원내대표실은 의원들이 문전성시를 이루는 진풍경이 벌어지죠.

법안의 생사가 결정되는 곳

상임위를 국회운영의 기본으로 꼽는 데는 그만한 이유가 있습니다. 우리가 아는 국회의 역할 가운데, 법안을 최종 통과시키는 본회의를 제외한 국회의 모든 기능은 상임위에서 이뤄지기 때문입니다. 상임위는 국회의 시작이자 끝입니다. 앞서 설명한 원 구성협상에서 상임위원장 자리를 놓고 여야가 치열한 줄다리기를 하는 것도 상임위의 역할이 그만큼 크다는 반증입니다.

구체적으로 설명하죠. 흔히 국회는 법을 만드는 곳이라고 합니다. 정부제출 법안이든, 의원제출 법안이든, 제출된 법안은 내용에 따라 소관 상임위로 보내집니다. 여기서부터 상임위의 역할이 시작됩니다. 법안의 상임위 상정 여부, 상정 이후 법안심사소위원회(이하, 법안심사소위) 이송 여부, 법안심사소위의 심의와 통과 여부, 다시 상임위 전체회의 상정 및 표결 여부 등이 상임위 안에서 이뤄집니다. 물론 상임위를 통과했더라도 법제사법위원회(이하, 법사위)와 국회 본회의를 거쳐야 하지만 법안이 '죽고 살고는' 대부분 상임위에서 결정됩니다.

정부 견제도 상임위원회의 몫

국회 상임위는 법안 심사만 하는 곳이 아닙니다. 법안 처리 이외의 국회 고유의 역할 대부분도 상임위에서 이뤄집니다. 예를 들어 전방 초소에서 대형사고가 났다면 국회 국방위원회는 전체회의를 소집해 주무장관인 국방장관을 참석시킨 가운데 긴급 현안보고를 받습니다. 또 국방장관이 새로 임명된다면 특위를 구성해 인사청문회를 실시합니

표 1 19대 국회 상임위원회 및 소관 부처

상임위 명칭	주요 소관부처 및 정부기관
운영위원회	대통령 비서실, 국회 사무처, 국가인권위원회 등
법제사법위원회	법무부, 검찰청, 대법원, 감사원, 헌법재판소, 법제처 등
정무위원회	국무총리실, 보훈처, 금융위원회, 금융감독원, 각종 국책은행 등
기획재정위원회	기획재정부, 한국은행, 국세청, 관세청, 조달청, 통계청 등
미래창조과학방송통신위원회	미래창조과학부, 방송통신위원회 등
교육문화체육관광위원회	교육부, 문화체육관광부 등
외교통일위원회	외교부, 통일부 등
국방위원회	국방부, 방위사업청, 병무청 등
안전행정위원회	행정자치부, 국민안전처, 경찰청, 중앙선거관리위원회 등
농림축산식품해양수산위원회	농림축산식품부, 해양수산부, 산림청, 농촌진흥청, 마사회 등
산업통상자원위원회	산업통상자원부, 중소기업청, 특허청, 한국전력 등
보건복지위원회	보건복지부, 식품의약품안전처, 국민건강보험공단 등
환경노동위원회	환경부, 고용노동부, 중앙노동위원회 등
국토교통위원회	국토교통부, LH공사, 한국도로공사, 한국수자원공사 등
정보위원회	국가정보원, 국군기무사령부 등
여성가족위원회	여성가족부 등

* 〈정부조직법〉에 따라 상임위 명칭은 조금씩 바뀌지만 소관부처는 크게 다르지 않음.

국회 상임위원회 회의 모습.
상임위원회는 법안을 최종 의결하는 본회의를 제외하고 국회 기능의 대부분을 담당하는 국회의 근간이다.

다. 국방 예산의 심사와 결산도 1차적으로 상임위에서 이뤄집니다. 이처럼 법안 처리 이외의 정부견제 활동 등 국회 고유기능 대부분이 모두 상임위를 통해 이뤄집니다. 때문에 일 잘하는 국회의원은 결국 상임위 활동이 뛰어난 의원입니다. 행정부에서 두 차례나 장관을 지내고 국회의원까지 지낸 한 원로의 이야기는 새겨들을 만합니다.

"장관을 할 때 국회 상임위 출석이 제일 싫은 일 가운데 하나입니다. 마치 숙제검사를 받는 기분이죠. 그런데 초등학교 때 담임선생님처럼 꼭 잘한 부분은 놔두고 잘못한 일만 기가 막히게 골라서 묻는 의원이 있습니다. 그때는 그렇게 미울 수가 없었죠. 그러나 국회의원이 된 뒤에 생각해 보면 그런 의원들이 정부를 제대로 견제하는 의원이고, 결국에는 정치적으로도 크게 성장하는 경우가 많더군요."

상임위 한 우물 … 장관까지 오른 정병국 의원

의원들은 특정 상임위를 원하더라도 경쟁이 치열하면 2년 뒤에는 다른 상임위로 갈 수밖에 없습니다. 또 의원 스스로도 여러 상임위를 경험하기를 원하고요. 그런데 어떤 의원은 전문성을 높이기 위해 한 상임위에서만 오랫동안 일하기도 합니다. 대표적인 예가 새누리당 정병국 의원입니다. 정 의원은 16대, 17대, 18대 국회에서 모두 문화체육관광(방송통신)위원회에서만 일했습니다. 인기 상임위는 아니지만 꾸준히 한 위원회에서만 일했고, 18대 국회에서는 문화체육관광방송통신위원장도 지냈습니다. 결국 전문성을 인정받아 2011년에는 이명박 정부 문화체육관광부 장관으로 임명됐죠. 여야 대립이 치열한 국회 인사청문회에서 당시 야당 의원들도 정 의원의 전문성을 높이 평가하고 후한 점수를 주기도 했습니다. 한 위원회에서 10년 이상 몸담으면 웬만한 전문가보다 현안을 잘 파악한다는 것을 의원들 스스로 인정한 것이죠. 박근혜 정부의 황우여 교육부총리도 판사 출신이지만 교육관련 상임위에서 오랫동안 일하며 전문성을 인정받은 경우입니다.

상임위 무력화시키는 '직권상정'

최근까지 정치면 기사를 읽다 보면 가장 많이 등장하는 단어가 직권상정입니다. 쟁점 법안을 놓고 여야 공방이 치열할 경우, 여권 수뇌부는 국회의장의 직권상정 가능성을 거론하고 야당은 직권상정은 국회를 파행으로 몰고 가는 일이라며 강하게 반대하죠. 실제 쟁점 법안이 직권상정 되면 상당기간 파행정국은 피할 수가 없죠.

사실 직권상정은 〈국회법〉에 규정된 용어는 아닙니다. 하지만 일반적으로 상임위나 법사위에서 계류 중인 특정 법안에 대해 국회의장이 언제까지 법안 심사를 마치라고 통보(심사기일 통보)하고, 그 기간 안에 심사를 끝내지 않으면 직권으로 법안을 본회의에 올려 표결에 부치는 것을 말합니다. 상임위와 법사위를 거쳐 국회 본회의에 올라온 법안을 표결 처리하는 것이 정상적인 법안 처리라면 직권상정은 상임위 혹은 법사위 단계가 생략되는 것이죠.

국회의 기본은 상임위인데 상임위를 무력화시킨다는 점에서 직권상정은 역대 국회의장들이 모두 피하고 싶은 일 가운데 하나입니다. 18대 국회에서는 〈미디어법〉 등이 직권상정으로 처리됐고 정국이 얼어붙기도 했습니다. 하지만 〈국회선진화법〉 제정으로 직권상정 요건을 강화하면서 국회의장의 직권상정은 더욱 까다로워졌습니다. 19대 국회에서 여야 모두 논란이 될 만한 직권상정은 아직 없습니다.

상임위원회 간사와 위원장

상임위원회 운영의 핵심 '간사 협의'

국민적 관심을 끄는 주요 현안을 다루는 상임위가 가끔 TV를 통해 생중계되기도 합니다. 국민들이 지켜보는 만큼 여야 공방이 치열하죠. 대개는 위원회 회의진행 자체가 제대로 이뤄지지 않을 정도인데, 이럴 때 위원장은 어김없이 이런 말을 합니다.

"여야 간사가 협의를 하는 동안 잠시 정회하겠습니다."

이 말에는 여러 뜻이 담겨 있습니다. 여야 간사가 협의해서 회의를 계속할지 여부와, 한다면 발언시간과 순서, 내용은 어떻게 할지 결정하겠다는 1차적 의미가 있습니다. 하지만 이면에는 여야 간사가 합의하면 위원장인 내가 그 합의 내용을 따르겠다는 뜻도 함께 담겨 있습니다. 결국 위원장의 이 말은 여야 간사 협의가 상임위 운영의 핵심이라는 것을 정확히 알려줍니다.

여야의 이견 대립이 첨예한 현안을 놓고도 여야 간사가 이처럼 중요한 역할을 담당하는데, 하물며 법안 처리는 오죽하겠습니까? 어떤 법안을 처리할지 말지, 처리한다면 얼마나 빨리 할지, 법안 내용을 수정할지 말지 등이 모두 간사 협의를 통해 결정된다고 보면 됩니다. 때문에 여야 간사가 어떤 법안을 빨리 처리하기로 합의한다면, 그 법안은 '본회의로 가는 특급 열차 티켓'을 손에 쥔 것이나 다름없습니다.

(19대 국회 법사위 새정치민주연합 간사 전해철 의원 인터뷰 참고)

'국회의원의 꽃' 상임위원장

그럼 여야 간사의 권한만 클까요? 아닙니다. 상임위를 대표하는 위원장의 권한도 막강합니다. 대개 상임위원장은 국회의장과 마찬가지로 여야를 모두 아우르는 자리이기 때문에 중립적으로 회의를 진행하려고 합니다. 하지만 아무래도 위원장이 여당이냐, 야당이냐에 따라 회의진행에 영향을 미치는 것도 사실입니다. 야당 의원이 위원장이면

19대 국회 후반기 정무위원장 새누리당 정우택 의원(위)과 환경노동위원장 새정치민주연합 김영주 의원(아래). 국회 상임위원장은 국민을 대표해 소관부처의 업무감독과 법안처리 등을 총괄하는 자리다.

소관 부처의 장관이 혼쭐나는 경우가 많지만 여당 의원이 위원장이면 아무래도 조금 덜 하겠죠.

아무튼 국회 상임위원장은 여야 간사에 비해 권한이 덜한 것 같지만, 결코 그렇지 않습니다. 상임위원장은 장관급 예우를 받는 자리이고 국회운영의 실질적 권한도 함께 가졌습니다. 위원장이 마음만 먹으면 법안 처리는 물론 당 지도부까지도 이래라저래라 할 수 없는 권한을 가졌습니다.

대표적인 경우가 18대 국회 추미애 국회 환경노동위원장입니다. 추 위원장은 당시 민주당 소속이었지만 민주당의 당론과는 다른 〈노동관계법〉 개정 의견을 가졌습니다. 당 지도부의 요청에도 불구하고 한나라당과 협상을 통해 이른바 '추미애 중재안'을 만들었고 이를 상임위에서 표결로 통과시켰습니다. 당연히 민주당 지도부가 해당^{害黨} 행위라고 반발했지만 추 위원장은 "당 지도부가 협상과정이나 경위도 제대로 파악하지 못하고 나를 당내 정쟁의 희생물로 삼고 있다. 나는 소신을 지킬 것"이라고 맞섰습니다. 결과적으로 지도부가 추 위원장의 소신을 꺾을 수는 없었습니다.

19대 전반기 국회에서 박영선 법사위원장도 비슷한 경우입니다. 2013년도 새해 예산을 통과시키는 과정에서 여야 원내지도부는 〈외국인투자촉진법〉을 법사위에서 통과시키기로 합의했습니다. 그런데 박 위원장이 이 결정에 반발해 새해가 다 되도록 법사위를 열지 않아, 야당 지도부가 오히려 자기 당 소속 위원장을 설득하는 촌극 아닌 촌극이 벌어졌습니다. 결국 박 위원장은 자신의 소신을 지키면서 당 지

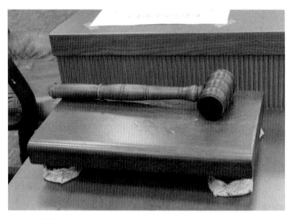

국회 상임위원회 의사봉. 상임위원장 등이 의사봉을 3번 쳐야
법안처리 등이 완료된다. 18대 국회까지만 해도 회의를 강행하거나
저지하고자 의사봉을 뺏기 위한 여야 의원들의 몸싸움이 종종 벌어지곤 했다.

도부의 의견을 따르는 절충안으로 사회권을 야당 간사인 이춘석 의원
에게 넘기면서 사태가 일단락됐습니다.

이 두 가지 사례에서 보듯, 국회 상임위원장은 국회운영의 중요한
한 축을 담당하는 동시에 국회의원 본연의 기능을 가장 확실하게 행사
할 수 있는 자리입니다.

때문에 국회 상임위원장을 국회의원의 꽃이라고 합니다. 어느 한
재선 의원이 사석에서 이런 말을 하더군요.

"다른 정치적 목표는 없지만 3선이 돼서 국회 상임위원장을 꼭 한번
해봤으면 좋겠어. 국회의원으로서 가장 보람찬 일이라고 생각해."

(18대 국회 지식경제위원장 정장선 전 의원 인터뷰 참고)

눈여겨봐야 할 상임위원회 2곳

막강 파워, 국회 예산결산특별위원회

국회의 가장 중요한 권한 가운데 하나가 새해 정부 예산안을 심의·확정하고, 또 예산이 제대로 사용됐는지 점검하는 결산 권한입니다. 헌법에 국가 예산을 짜는 것은 행정부의 권한이지만 예산안을 심의하고 확정하는 것은 국회의 몫으로 규정하기 때문입니다. 이런 예산안 심사와 확정, 결산안 처리 등을 담당하기 위해 만든 상설 특별위원회가 예결특위입니다. 일단 예결특위는 다른 상임위에 비해 규모가 다릅니다. 보통 상임위는 20~30명 안팎의 위원으로 구성되지만 예결특위는 위원 정수가 50명입니다. 위원장은 보통 여당 소속의 3선 의원이 맡고 다른 상임위와 마찬가지로 여야 간사가 있습니다. 그러나 임기는 1년에 불과합니다. 수백조 원에 이르는 정부 예산을 주무르는 만큼 권한이 막강하고 지역구 예산을 따내려는 의원들이 모두 예결위원이 되려고 하기 때문에 임기를 2년으로 할 수가 없기 때문입니다.

(19대 국회 예산결산특별위원장 장윤석 의원 인터뷰 참고)

국회의원의 '갑', 국회 예결위원

위원회에 출석하는 국무위원도 일반 상임위와 차이가 납니다. 대개 상임위에 출석하는 소관부처 장관은 한두 명에 불과하죠. 하지만 예결특위에는 모든 부처의 장관이 참석합니다. 정부 예산을 쓰지 않는 부처가 없으니까요. 또 자기 부처의 예산을 정부 원안대로 통과시키기 위해 국회 예결위원들에게 로비할 수밖에 없습니다. 광역단체장도 사정은 마찬가지입니다.

이 과정에서 정부 부처와 '거래 아닌 거래'를 하는 일부 예결위원도 있습니다. 예를 들어 자기 지역구의 중요 사업예산을 반영해 주는 조건으로 부처의 예산심사 과정에 편의를 봐주는 거죠. 또 같은 국회의원이라도 예결위원들에게 지역구 예산 반영을 위해 치열한 로비전을 벌이기도 합니다. 이른바 '쪽지 예산'이 여기에서 생기는 거죠. 그러나 예결위원에게도 고충은 있습니다. 한 예결위원의 이야기입니다.

"물론 내 지역구 예산은 어느 정도 챙길 수 있습니다. 그러나 내가 부산 지역 의원 몫으로 국회 예결특위의 계수조정 소위 위원으로 들어갔기 때문에 지역 숙원사업을 해결해야 하는 엄청난 부담을 안게 됩니다. 뿐만 아니라 지역 의원들의 예산 민원도 최대한 처리해야 하죠. 그래서 잘하면 본전이고 잘못하면 온갖 원망만 듣는 자리가 예결위원입니다."

'논란의 중심' 국회 법제사법위원회

여야 원내대표가 상임위마다 의원을 배치할 때 가장 신경 쓰는 상임위 가운데 하나가 법사위입니다. 국회에서 만들어지는 법안 전체를 다루는 만큼 우선 법률적 지식이 있어야 하고, 동시에 여야의 '살바싸움'이 치열한 곳인 만큼 이른바 '전투력'도 갖춰야 합니다. 그럼에도 법사위가 항상 논란의 중심에 서는 이유는 따로 있습니다. 바로 법사위가 가지는 '체계와 자구심사 기능'(이하, 자구심사 기능)입니다.

자구심사는 각 상임위를 통과한 법안이 위헌 소지는 없는지, 법률체계 전체나 법률안 내부, 또는 다른 상임위를 통과한 법안 등과 상충되는지 등을 살피는 일입니다. 대단히 필요한 기능이지만 '상임위 위에 군림하는 또 다른 상임위'이란 비판과 함께 논란의 중심에 서 있습니다.

뇌관은 법사위 '자구심사 기능'

예를 들죠. 19대 전반기 국회에서 국회 환경노동위원회(이하, 환노위)를 통과한 〈산업재해보상보험법 일부 개정안〉이 있습니다. 보험설계사, 택시기사 등 6개 직종의 특수고용 노동자도 산재보험에 의무 가입하도록 하는 내용입니다. 문제는 법사위 일부 위원들이 보험업계가 개정안 처리에 반대하고 산재보험 가입을 의무화하면 민간보험에 가입할 권리를 박탈한다며 법안 내용을 고쳐야 한다는 의견을 제시했습니다. 이면에는 보험설계사 등에게 산재보험을 적용하면 노동시장의 경직성이 강화된다는 우려도 깔려 있었습니다. 결국 논란이 커지면서 〈산업재해보상보험법 일부 개정안〉은 법사위 단계에서 발이 묶이는 상황이 발생했습니다.

이렇게 되자 환노위 소속 여야 의원 전체가 헌정 사상 처음으로 법사위의 월권행위를 규탄하는 결의안을 채택하기도 했습니다. 비단 〈산업재해보상보험법 일부 개정안〉뿐만 아니라 노동관련 법안, 또 국회 정무위원회의 경제민주화 법안 등에서도 법사위 월권 논란이 재연됐습니다. 이처럼 다른 상임위의 법안 내용에 대해 법사위가 제동을 걸 수 있는 것도 바로 법사위의 자구심사 기능 때문입니다.

('법사위 월권 규탄 결의안 주도' 새누리당 김성태 의원 인터뷰 참고)

문제의 자구심사 기능, 대안은 없나?

법사위의 자구심사 기능은 국회에 법률 전문가가 많지 않고 이를 뒷받침할 기능도 갖추지 못했을 때 만들어졌습니다. 그렇지만 지금은 각 상임위마다 법률가 출신 의원들이 상당히 많고 법률지원 업무를 담당할 국회 조직도 있습니다. 때문에 법사위의 자구심사 기능을 그대로 유지해야 하는지 항상 논란입니다. 이런 논란은 하루 이틀의 이야기가 아닙니다. 지난 1998년에도 국민회의 정치구조개혁위원회는 법사위의 자구심사 기능을 삭제하고 국회의장 직속으로 법제관실을 만들어 기능을 넘기자고 제안했습니다. 18대 국회에서도 한나라당 권영진 의원 등이 자구심사 기능을 법제관실로 이관하는 방안을 제시하기도 했습니다.

그러나 법사위원들의 생각은 다릅니다. 법사위 간사를 지냈던 한 중진 의원의 이야기를 대신 전해드립니다.

"일반 상임위를 통과한 법안을 전문가적 입장에서 꼼꼼히 살펴보면 허점이 상당히 많아요. 당장 법안이 통과되면 상당한 혼란을 초래할 법안들도 있고 자기 상임위의 이익에만 충실해 다른 법안과 상충되기도 하고 다른 상임위의 입장에서 보면 문제가 되는 법안들도 있어요. 때문에 이를 조정하는 일이 반드시 필요하죠. 매번 월권 논란이 있지만 법사위의 자구심사 기능을 유지하는 데는 그만한 이유가 있습니다. 아마 법사위가 법안을 조정해 주지 않으면 나라가 망할지도 몰라요."

(국회 법사위 새누리당 간사 출신 권성동 의원 인터뷰 참고)

'쪽지 예산', 정말 나쁜가요?

국회 새해 예산안 심사를 하면서 '쪽지 예산'에 대한 비판이 많습니다. 자신의 지역구 사업 예산을 챙기기 위해 예산안 심사 막판에 동료 의원들에게 부탁하는 예산이죠. 주로 쪽지에 메모해서 건넸다고 쪽지 예산이라고 하는데, 요즘은 핸드폰 '문자 예산'이라고 부르는 것이 맞겠죠. 그런데 쪽지 예산이 전체 예산안의 편성 방향에 역행하거나, 규모가 지나치게 커 다른 중요 예산이 빠지거나, 중요도에서 현저히 밀리는 예산이라면 당연히 문제입니다. 아무리 동료 의원 부탁이라도 예산을 배정하면 안 되겠죠.

그런데 이런 경우를 제외하면 저는 개인적으로 쪽지 예산을 그렇게 나쁘게 보지 않습니다. 쪽지 예산 대부분은 10억 원 이내의 작은 예산들이고 지역구에서 반드시 필요한 숙원사업을 반영하는 것이 대부분입니다. 정부가 예산을 편성하면서 큰 틀의 국가운영에 집중하다 보면 지역주민의 삶과 직결된 예산을 일일이 챙기지 못하는 경우가 많습니다. 이런 단점을 쪽지 예산이 어느 정도 보완해 주기 때문입니다. 그래서 저는 쪽지 예산이 정도가 지나치지 않다면 '지역구 필수 민생 예산'으로 인정해 주는 것도 나쁘지 않다고 생각합니다. 그게 지역구 의원의 몫이기도 하구요.

'핵심 중의 핵심' 법사위원장은 야당 몫?

상임위원장 가운데 국회운영의 엄청난 영향력을 행사할 수 있는 국회 법사위원장은 여당이 맡을까요? 야당이 맡을까요? 결론적으로 말씀드리면 야당 의원이 맡는 것이 관례로 정착되어갑니다. 원래는 여야가 원 구성협상에 따라 위원장을 여야에 배분했습니다. 그러나 15, 16대 국회 때도 야당이 위원장을 맡았고 17대 국회 때는 당시 과반 의석의 여당인 열린우리당이 한나라당에 법사위원장 자리를 양보했습니다. 이후 한나라당이 여당이 됐을 때도 야당에 다시 법사위원장 자리를 양보하면서 지금까지 법사위원장은 야당 의원이 맡는 전통이 이어집니다.

물론 원 구성협상 때마다 여당이 법사위원장을 맡으려는 시도는 있었죠. 그때마다 야당 의원들은 "여당이 법사위원장을 맡으면, 야당이 국회의장을 달라는 격이다"라며 반발했고 결국 여당도 법사위원장 자리를 포기했습니다. 국회운영의 주도권을 쥔 여당이 법사위원장까지 맡으면 일당 독주가 될 가능성이 큰 만큼, 여야가 견제와 균형을 위해 '야당 법사위원장'의 전통을 만들어가는 셈입니다. 국회가 싸움만 하는 것이 아니라 나름대로 민주적 국회운영 원리를 만들어가는 좋은 예입니다.

이만섭

1932년생. 동아일보 정치부 기자와 미국 특파원을 거쳐 6대 국회 민주공화당 의원으로 정계에 입문했다. 이후 민주공화당 원내총무, 한국국민당 총재, 신한국당 대표 서리를 지내면서 8선 의원(6, 7, 10, 11, 12, 14, 15, 16대)을 지냈다. 특히 14대, 16대 국회에서 2차례 국회의장을 맡았다.

YS, DJ의 무리한 요구는 끝까지 거부했다

8선 의원을 지낸 의회주의자로서 국회의장은 대단히 영광스러운 자리입니다. 국회의장은 어떤 자리입니까? 또 어떤 마음가짐으로 일했습니까?

국회는 여당의 국회도 아니고 야당의 국회도 아닙니다. 청와대의 국회는 더더구나 아닙니다. 오로지 국민의 국회입니다. 그래서 제가 의장을 하면서 의사봉을 칠 때도 한 번은 여당, 한 번은 야당, 나머지 한 번은 방청석에 있는 국민을 보고 쳤습니다. 의장은 오로지 국가와 국민을 위해 일하면 됩니다.

14대와 16대, 2번의 국회의장을 하시면서 당시 대통령의 부탁을 모두 거절할 정도로 국회운영에 중립성을 지켰다는 평가를 받습니다. 당시 어떤 일이 있었기에 그런 평가가 나오는 걸까요?

김영삼, 김대중 대통령이 국회에 무리한 요구를 하면 뿌리치고 절대 들어주지 않았습니다. 국회의 권위를 지켜야 했기 때문이었죠. 김영삼 대통령은 (1995년) 12월 새해 예산안을 통과시키면서 〈정당법〉과 〈통신비밀보호법〉을 함께 통과시켜 달라고 요구했지만 거부했습니다. 국회 파행이 불을 보듯 뻔했기 때문입니다. 김대중 대통령도 총선이 끝나고 자민련이 17석밖에 안 되니까 교섭단체 구성요건을 10석으

82

로 낮춰달라고 요구했지만 거절했습니다. 국회 일은 국회의장에게 맡기라고 했습니다. 그래서 두 대통령이 모두 나에게 섭섭해 했죠. 하지만 어쩔 수 없는 노릇이었습니다.

역대 국회의장 가운데 공정한 국회의장으로 평가받습니다. 이유는 무엇이라 봅니까?
국회의장으로서 날치기를 하지 않았고 직권상정을 한 일도 없습니다. 오로지 공정하게 국회를 운영하려고 노력했습니다. 그게 이유라면 이유겠지요.

우리 정치의 산증인 가운데 한 분으로 최근에도 정치 현안에 대해 활발하게 의견을 피력합니다. 이유가 있습니까?
국회의장을 지낸 사람으로서 살아있을 때까지 나라를 위해 바른 소리 하는 것이 도리라고 생각합니다. 박관용 의장이나 김수한 의장은 새누리당 고문이고 다른 의장도 야당의 고문을 맡고 있습니다. 저는 지금도 여야 어느 당의 고문도 맡고 있지 않죠. 그래서 바른 소리를 할 수 있습니다.

국회의 어른으로서 현직 정치인들에게 하고 싶은 부탁이 있습니까?
개인이나 정당보다 나라와 국민을 먼저 생각해야 합니다. 그게 정치인의 본분입니다. 또 하나 부탁하면, 정치인은 절대로 돈의 유혹에 넘어가면 안 됩니다. 재물의 유혹에 넘어가면 큰일을 할 수 없습니다. 큰일을 하게 하는 것은 돈이 아니고 사람이고 의지입니다.

전해철

1962년생. 사법고시 29회에 합격한 뒤 민주사회를 위한 변호사 모임 언론
위원장과 대통령 비서실 민정수석 비서관을 지냈다. 19대 국회 안산시 상록
구갑에서 민주통합당 후보로 출마해 당선되면서 정계에 입문했고, 새정치
민주연합 정책위 1정조위원장에 이어 19대 국회 법사위 새정치민주연합 간
사를 맡고 있다.

여야 간사 협의는 국회운영의 기본

당에서 초선 의원인데도 이례적으로 중요 상임위인 법사위 야당 간사를 맡긴 이유는 무엇이라 봅니까?

법사위는 다른 상임위에서 올라온 법안에 대해 체계와 자구를 심사하는 기능을 갖습니다. 따라서 다른 상임위의 법안처리를 포함해 국회 운영 전반과 법사위 활동은 매우 밀접한 관련이 있습니다. 전반기 국회에서 법사위원으로 활동한 경험과 국정원 댓글 의혹사건 국정조사 특별위원회, 대통령기록물 열람위원 등 정국의 주요 현안에 위원으로 활동한 경험 등 여러 가지가 고려됐다고 봅니다.

간사 협의는 상임위 운영의 근간입니다. 상임위 간사가 어떤 역할을 하는지 설명해 줄 수 있을까요?

법사위 간사로서 여당과 의사일정 협의는 물론 각종 현안에 대해 우리 당 의원들의 입장을 조율합니다. 또 상정법안 협의나 각 법안통과 여부에 대해 당 소속 의원과도 입장을 조율해야 하고, 이에 따른 현안 대응전략도 수립해야 합니다.

상임위 간사를 해야 국회운영의 기본을 알 수 있다고 합니다. 이유가 무엇이라 봅니까?

국회의 근간은 상임위이고 국회운영의 기본 원리는 여야 합의입니다. 따라서 상임위 여야 간사 협의는 국회운영의 기본이 되고 이를 통해 국회운영 전반에 대해 많이 배우게 됩니다.

상임위 간사를 하다 보면 원내대표의 방침과 배치될 때도 있습니다. 이때는 어떻게 조정합니까?

주요 현안에 대해서는 원내대표와 수시로 상의하기 때문에 큰 이견은 없습니다. 다만, 일부 현안에 대해 이견이 좁혀지지 않을 때는 당의 방침과 개인적 소신 사이에서 갈등하는 것이 사실입니다. 그럴 때는 터놓고 얘기해야 합니다. 여야 협상도 하는데 같은 당에서도 협상해야 하는 것 아닙니까? 어차피 국회는 토론과 협상입니다.

간사 협의를 하다 보면 부득이 상임위 소속 의원의 뜻과 다른 결정을 할 때도 있지 않습니까?

상임위 간사는 기본적으로 상임위 위원들의 뜻을 받들어 상임위 운영을 원활하게 하는 역할을 해야 합니다. 개인적인 생각보다는 전체 위원들의 뜻을 존중해야 합니다. 다만, 간사 이전에 나 역시도 위원의 한 사람인 만큼 그에 따른 의견을 충분히 피력하면 됩니다.

정장선

1958년생. 재선 경기도의회 의원을 거쳐 16대 국회 새천년민주당 의원으로 중앙정치 무대에 데뷔해 내리 3선 고지를 밟았다. 열린우리당 정책위 수석 부의장, 민주당 사무총장 등을 지냈고 18대 국회 지식경제위원장 시절 합리적 상임위 운영으로 여야 의원 모두에게 좋은 평가를 받았다.

국민생활에 영향 미치는 보람 있는 자리

국회 상임위원장은 국회의원의 꽃이라고 합니다. 동의하십니까? 동의하는 이유는 무엇입니까?

동의합니다. 일단 임기 2년이 보장되기 때문이 아닐까요? 하하. 임기 동안 소관부처에 대한 정책이나 업무 등을 충분히 파악할 수 있고 자신의 정책적 소신을 위원회 운영을 통해 펼칠 수 있습니다. 이런 소신이 국민생활에 긍정적 영향을 미칠 수 있어 보람 있는 자리입니다.

상임위원장으로서 원활한 상임위 운영을 한다는 것이 말처럼 쉽지 않은데요?

일단 간사를 잘 만나는 것이 중요합니다. 하하. 당시 김기현, 최철국 의원이 여야 간사였는데 간사들과 많은 얘기를 했습니다. 그게 핵심입니다. 결국 내가 위원장 당시에도 'MB악법'이라고 해서 우리 입장에서는 막아야 하고 여당 입장에서는 통과시켜야 할 법이 있었습니다. 하지만 다른 상임위와 달리 충분한 대화를 했고, 결국 서로 서로 원원하는 결과를 얻었죠.

상임위를 운영하다 보면 타협이나 협상에 강경파 의원들은 큰 부담으로 작용하지 않습니까?

여야 어디에나 강경파 의원은 있습니다. 법안 통과 혹은 저지를 목표로 정해놓고 강하게 밀어붙이는 의원은 있기 마련입니다. 이런 의원일수록 이야기를 들어야 합니다. 듣지 않으면 불신만 쌓일 뿐입니다. 그러면 상임위는 망가지기 마련입니다.

야당 상임위원장이지만 여당 의원으로부터도 지지를 받은 위원장으로 평가받습니다. 이유가 무엇이라 봅니까?

여당 간사, 여당 의원들과 많은 대화를 했습니다. 그리고 약속한 것은 꼭 지켰습니다.

여야에서 좋은 평가를 받는 위원장으로서 후배 위원장에게 어떤 조언을 해 주겠습니까?

〈국회선진화법〉 때문에 적어도 여야가 물리적 충돌은 없지 않습니까? 그것만 해도 위원장에게는 큰 짐을 덜어낸 셈입니다. 어쨌든 의원들의 이야기를 자꾸 들어야 합니다. 그러면서 정책 현안에 대한 간극을 조금씩 좁혀나가는 것이 무엇보다 중요합니다.

장윤석

1950년생. 사법고시 14회로 공직에 입문해 춘천과 창원지검장에 이어 검찰 요직인 법무부 검찰국장을 지냈다. 17대 국회 경북 영주시에서 한나라당 후보로 출마해 정계에 입문한 뒤 내리 3선 고지를 밟았다. 한나라당 정책위 부의장과 19대 국회 예결특위와 윤리특위 위원장을 지냈고 대한복싱협회장을 맡고 있다.

큰 틀의 국가정책 고민하는 기회

국회 예결위원장은 국가예산 전체를 심의하는 엄청난 자리입니다. 누구나 한번 맡고 싶어 하는 상임위입니다. 예결위원장은 구체적으로 어떤 역할을 합니까?

국회 예결특위의 역할은 크게 두 가지입니다. 정부가 편성하여 국회에 제출한 예산안을 심의, 확정하는 역할과 감사원의 검사를 거쳐 국회에 제출한 세입세출의 결산을 심의, 확정하는 역할입니다. 50인의 위원으로 구성되는 예결특위를 이끌며 정부 예산안 심사과정에서 여야와 정부의 의견을 조율하는 등 위원회 운영을 책임지는 자리입니다.

일반 상임위원장과 예결위원장은 어떤 차이가 있습니까?

큰 차이는 없습니다. 다만, 임시국회와 정기국회에 정기적으로 열리는 일반 상임위와는 달리, 결산 심의와 예산안 심의시기에 맞춰 개의하는 것이 차이입니다. 업무가 특정시기에 집중되는 정도의 차이라고 보면 됩니다.

예결위원장을 하면 국가살림 전체를 보는 안목이 생기지 않습니까?

18대 국회 마지막 해에 예결특위 간사를 맡았고 이듬해인 19대 국회 첫해에 예결위원장을 맡았습니다. 2년 내리 예결특위 중책을 맡게 된 것은 개인적으로 매우 소중한 경험이었습니다. 국가살림은 물론 정부

정책방향까지, 내 지역구나 내가 속한 상임위의 소관기관들의 업무영역을 넘어 보다 큰 틀에서 국가정책에 대해 고민할 수 있는 기회였습니다.

정부가 예결위원장 지역구 예산은 그래도 어느 정도 배려해 주지 않습니까? 때문에 지역구민들에게는 지역구 의원이 예결위원장이라는 것은 상당한 혜택 아닙니까?
위원장 지역구 사업을 따로 관리하거나 하는 일은 없습니다. 다만 도움이 된 것은 지역구 사업의 필요성에 대해 예산당국의 실무자들에게 설명할 수 있는 기회가 조금 더 많았다는 점입니다. 물론 그 과정에서 위원장을 배려해 준 부분도 없지 않았겠지만 과도한 혜택이라고까지 할 것은 없었습니다.

예결특위가 중요도에 비해 전문성이 부족하다며 개선 여론이 없지 않습니다. 전문성 보완을 위해 어떤 점이 개선되어야 한다고 봅니까?
업무 특성상 결산심사와 예산안 심사가 특정 시기에 집중되다 보니 졸속심사에 대한 우려가 제기되는 것도 사실입니다. 그 부분에 대한 고민은 여러 해 계속되었습니다. 그럼에도 현재의 제도가 유지될 수밖에 없는 나름의 이유가 있습니다. 예산 없이 추진될 수 있는 정책은 없기 때문에 예산과 정책을 따로 분리해서 생각할 수는 없습니다. 정부정책을 계산기만 두드려 결정할 수 없듯이 예산심사 역시 정치적 판단과 고민이 필수적이라 할 것입니다. 그래서 예산심사 과정의 정치적 기능을 국회 예결특위가 담당하는 것입니다. 기계적 전문성과 효율성만을 강조하게 된다면 또 다른 불균형과 부작용이 발생할 우려도 있습니다.

김성태

1958년생. 한국노총 사무총장과 상임부위원장을 거쳐 18대 국회에서 서울 강서구을 한나라당 후보로 출마해 정계에 입문한 뒤 재선에 성공했다. 새누리당 서울시당 위원장을 지냈고 19대 국회 환노위 새누리당 간사를 지냈다. 국회 환노위 여당 간사시절 법사위의 월권을 규탄하는 결의안 채택을 주도했다.

법안 내용까지 고치는 것은 명백한 위법

법사위의 체계와 자구심사 기능이 왜 월권의 빌미가 된다고 봅니까?

〈국회법〉제86조에 따르면 법사위는 해당 상임위가 심사를 마친 법률안에 대하여 체계와 자구의 심사만 하도록 합니다. 그런데도 법사위가 다른 상임위 법안의 실질적인 내용까지 심사, 수정하는 것은 명백한 위법입니다. 법을 지켜야 할 법사위원들이 앞장서 법을 어기는 꼴이죠.

법사위의 월권을 구체적 예를 들어 설명한다면 어떤 게 있을까요?

19대 국회 전반기 환경노동위원회에서 의결한 〈유해화학물질관리법 전부 개정안〉이 법사위에서 내용이 대폭 수정된 뒤 의결되어 문제가 됐습니다. 또 2014년에도 환노위에서 의결한 〈산업재해보상보험법 일부 개정안〉의 내용을 직접 수정하려고 시도했고, 결국 환노위가 '법사위 월권금지 촉구안'까지 채택했습니다. 정무위 등 다른 상임위에서도 비슷한 예가 많습니다.

전체 상임위 차원에서 보면 서로 상충하는 법안이 많고, 위헌 소지가 있는 법안도 있어 법사위가 조정하지 않으면 상당한 혼란이 초래될 것이라는 법사위의 주장입니다. 이에 대해 어떤 반론이 있습니까?

상임위 사이의 법률적 이해관계가 상충한 법안이 대체 몇 개나 됩니까? 설령 상충되거나 위헌 소지가 있다면 해당 상임위와 협의해 법안을 심사하거나 재심의를 요청하면 됩니다. 그것이 〈국회법〉이 보장하는 상임위 중심주의에 부합합니다. 그럼에도 법사위가 이런 노력 없이 직접 내용을 수정하는 것은 월권입니다.

법사위 자구심사 기능을 법제관실로 이관하는 등의 대안도 제시되는데 어떻게 봅니까?

법사위에 자구심사 기능을 부여했던 것은 법률 전문가가 부족했던 제헌국회의 시대적 특수성에 따른 것입니다. 지금처럼 법사위가 자구심사 권한을 여야의 정치적 교섭수단으로 남용하고 월권하는 것은 결코 바람직하지 않습니다. 그런 측면에서 법률안의 체계와 자구심사를 법제관실이나 별도의 국회기구가 담당하도록 하고 국회가 엄격히 통제하는 것도 하나의 대안이 될 수 있습니다.

권성동

1960년생. 사법고시 27회로 공직에 입문해 인천지검 특수부장 등을 지냈다. 이명박 정부 대통령실 법무비서관으로 일했고, 18대 국회 강원도 강릉시 재선거에 한나라당 후보로 당선돼 정계에 입문했다. 19대 국회 재선에 성공해 국회 법사위 새누리당 간사를 지냈고, 국회 환경노동위원회 간사를 맡고 있다.

법률체계, 흔들리게 둘 수는 없다

법사위의 체계와 자구심사 기능을 알기 쉽게 설명하면 어떻게 말할 수 있을까요?

체계심사는 법안 내용의 위헌 여부(헌법정신 위반, 기본권 침해 소지, 헌법에 규정된 통치구조나 권한규정 위반)와 관련 법률과의 저촉 여부, 같은 법률 내의 모순·충돌 유무를 심사하는 것입니다. 자구심사 기능은 법률 문구의 정확성, 용어의 적합성과 통일성 등을 심사해 관련 법률 간, 같은 법률 내의 용어를 통일시켜 법안내용을 이해하기 쉽도록 하는 일입니다.

법사위 간사 출신 의원으로서 체계와 자구심사 기능의 필요성을 구체적으로 설명하면 어떤 것이 있을까요?

예를 들면, 여성가족위원회에서 법사위에 회부한 〈아동·여성 관련 법률안〉의 경우 특별법의 성범죄 형량이 형법의 살인죄보다 높게 설정되어 있습니다. 아동 또는 여성에 대한 성범죄는 분명 강력한 처벌이 필요한 범죄이지만, 인간의 생명을 빼앗는 살인죄보다 형량을 무겁게 하는 것은 법체계에 맞지 않습니다. 이렇듯 사안별로 특별법이 제·개정되면서 심각한 법률 불균형이 발생하고 결국 법률체계가 흔들릴 가능성이 있죠. 이를 바로잡는 것이 법사위입니다.

일부 상임위는 법사위가 체계와 자구심사 기능을 넘어선 월권행위를 한다고 지적합니다. 이에 대해 어떻게 생각하십니까?

월권 논란 이전에 법사위에 회부된 법안이 ① 헌법에 위배되는지, ② 관련 법률과의 상충되는지, ③ 같은 법률 내에서도 모순되는지를 각 상임위 스스로 먼저 점검해야 합니다. 그런 잘못을 알고도 법사위가 이를 넘길 수는 없습니다. 때문에 법사위는 지난 18대와 19대 국회에서 '입법원칙에 위배되는 특별법 제정을 자제'해 줄 것을 각 상임위에 요청하기도 했습니다.

법사위 체계와 자구심사 기능을 법제관실로 이관하는 등의 대안도 됩니다. 이에 대해 어떻게 생각하십니까?

입법권은 국회에 있는 것이 헌법 원칙입니다. 그런데 입법부 공무원 조직인 법제관실로 관련 기능을 이관하는 것은 헌법정신에 어긋납니다. 입법권은 국회, 다시 말해 국회의원 개개인이 갖는 권한입니다.

필요악
국회 교섭단체

국회교섭단체가 뭐기에?

의원 20명 이상, 국회교섭단체

국회교섭단체는 보통 같은 정당에 소속된 의원들이 모인 원내 정치단체를 말합니다. 국회에서 자신들의 의사를 효율적으로 관철시키는 동시에 원활한 국회운영을 위한 목적으로 구성됩니다. 문제는 국회교섭단체의 구성은 의원 20명 이상이 있어야 가능하다는 겁니다.

현재 국회 상황을 보면 새누리당과 새정치민주연합은 100석 이상의 의원을 확보했기 때문에 국회교섭단체의 요건을 갖췄지만, 정의당은 그렇지 않습니다.

물론 무소속 의원 20명 이상이 모여 교섭단체를 구성할 수도 있고 다른 정당의 의원들이 모여도 20명이 넘으면 별도의 교섭단체를 구성할 수도 있습니다. 하지만 현실적으로 쉽지 않습니다.

교섭단체에 끼지 못하면 '찬밥'

앞서 국회의 원활한 운영을 위해 교섭단체를 구성한다고 말씀드렸는데, 그렇다면 교섭단체를 만들면 국회운영에서 어떤 점이 좋을까요? 먼저 국고보조금이 늘어납니다. 현행법은 정당보조금의 50%를 교섭단체 수로 나누어 우선적으로 지급하도록 합니다.

뿐만 아닙니다. 교섭단체는 국회운영의 실질적 핵심 권한인 의사일정 변경, 국무위원 출석요구, 긴급 현안 질문, 본회의 및 위원회에서의 발언시간 및 발언자 수 등 각종 상임위 활동에서의 권한 등을 갖습니다.

그럼 교섭단체에 끼지 못하는 군소정당의 의원들은 어떨까요? 한마디로 '찬밥 신세'입니다. 상임위 활동을 할 때, 여야의 치열한 공방 속에서 소외되기 십상이고 여야 간사가 없기 때문에 자신들의 의견을 조직적으로 대변하지도 못합니다. 의원 수가 적다보니 한 개 상임위에 1명도 배정되기 쉽지 않고 배정되었더라도 영향력이 크지 않습니다. 때문에 비교섭단체 소속의원은 이런 푸념을 합니다.

> "젠장, 상임위에서 영향력은 고사하고 상임위가 갑자기 열리면 참석하라는 연락도 제때 못 받을 때가 있어. 내가 국회의원인지 자괴감이 든다."

국회 정무위원회 회의 모습. 국회 교섭단체에 속하지 않는 의원은 상임위원회를 비롯한 국회 활동에서 상당한 제약을 감수해야 한다. 거대 양당 구도가 정착된 국회에서 비교섭단체 의원이 개인 역량으로 상임위를 주도하는 것은 불가능에 가깝기 때문이다.

국회교섭단체 규정이 만들어낸 '촌극'

헌정사상 초유의 '의원 꿔주기'

국회교섭단체가 되지 못하면 국회운영 전반에서 소외되기 때문에 의원 개인은 물론 교섭단체 요건인 의원 20명을 확보하지 못하는 정당에게는 치명타입니다. 그래서 우리 정치사를 되돌아보면 국회교섭단체를 둘러싼 해프닝이 적지 않습니다. 대표적인 것이 '16대 국회 의원 꿔주기'입니다.

1997년 대선에서 이른바 'DJP 공조'로 국민의 정부가 출범했고 2000년에 16대 총선이 치러집니다. 선거결과 한나라당이 133석, 새천년민주당이 115석, 자유민주연합이 17석을 차지합니다. 당시 집권 여당인 새천년민주당의 입장에서는 비상이 걸렸습니다. 자유민주연합(이하, 자민련)과 공동정권을 출범시켰지만 공동여당의 한 축인 자민련이 원내 교섭단체 결성에 실패한 겁니다. 이렇게 되면 국회운영에서 자민련의 도움을 기대할 수가 없게 됩니다.

당황한 자민련은 원내 교섭단체의 구성요건을 의원 20명에서 15명으로 완화하자고 주장했습니다. 김대중 전 대통령까지 나서 당시 이만섭 국회의장에게 교섭단체 구성요건 완화를 부탁하며 지원사격을 했습니다(이만섭 전 국회의장 인터뷰 참고).

그러나 원내 1당인 한나라당은 총선에서 보여준 민심을 인위적으로 왜곡한다며 강하게 반발했고 결국 보다 못한 새천년민주당은 2000년 12월 지역구 의원인 배기선(부천 원미을), 송영진(충남 당진), 송석

찬(대전 유성) 의원을 자민련에 입당시켜 원내 교섭단체를 구성하도록 했습니다. 이른바 '의원 꿔주기'를 한 것이죠.

비극으로 끝난 '의원 꿔주기'

그런데 문제가 생겼습니다. 자민련의 강창희 의원이 의원 꿔주기에 반발하면서 교섭단체 등록을 거부한 것입니다. 결국 자민련은 강창희 의원을 제명했고 새천년민주당은 장재식 의원을 '추가로 꿔주면서' 원내 교섭단체 구성에 성공했습니다.

그러나 2001년 9월 임동원 통일부총리에 대한 해임안을 한나라당과 자민련이 합세해 가결시킨 것을 계기로, 자민련으로 임대된 새천년민주당 의원 4명이 곧바로 탈당하면서 자민련은 교섭단체 지위를 상실하고 맙니다. 헌정사에서 유례없는 '의원 꿔주기'는 결국 비극으로 막을 내린 셈이죠.

자유선진당과 창조한국당의 불안한 동거

'의원 꿔주기' 정도는 아니지만 누가 봐도 성향이 다른 두 정당이 함께 원내 교섭단체를 구성한 경우도 있습니다. 2008년 18대 국회에서 당시 이회창 전 총재의 자유선진당과 문국현 대표의 창조한국당이 '선진과 창조의 모임'이라는 공동 교섭단체를 만든 것이 대표적입니다.

두 정당은 이명박 정부의 대운하 저지, 검역주권 및 국민건강 수호, 중소기업 육성 등의 정책을 공동 추진하겠다는 '정책공조'를 명분으로 내걸었습니다. 하지만 18석을 가진 자유선진당과 3석 확보에 그친 창

18대 국회 전반기 자유선진당과 창조한국당이 공동 교섭단체를 결성했다. 정치적 성향은 달랐지만 교섭단체를 구성하지 못하면 국회활동 대부분에서 소외된다는 절박감이 양당의 '동거'를 이끌어냈다.

조한국당이 정당의 존립기반을 유지하기 위해 어쩔 수 없이 '이종 교배'를 선택했던 겁니다. 6대 국회에서는 아예 3개 정당이 공동 교섭단체를 구성한 경우도 있었습니다.

손질이 필요한 교섭단체 요건

20석 이상을 가진 정당만 교섭단체를 구성한다는 조항은 〈국회법〉 33조에 있습니다. 그런데 이 조항이 만들어진 지 수십 년이 흘렀을뿐더러 다양한 국민의 요구를 반영하기 위해 조항을 손질해야 한다는 의견이 있습니다. 대체로 교섭단체 구성요건을 10석 이하로 낮추거

여의도에 위치한 새누리당 당사(왼쪽)와 새정치민주연합 당사(오른쪽). 대선에서 승리하면 당사를 바꾸지 않는다는 것이 정치권의 불문율이다. 새누리당은 현재 당사에서 2명의 대통령을 배출했다.

나 총선에서의 득표율 5% 이상으로 하자는 주장이 나옵니다. 그래야 소수정당을 지지하는 국민들의 요구를 국회운영에 반영할 수 있다는 것이죠.

그런데 왜 이런 주장이 받아들여지지 않을까요? 우선 이 주장을 수용하려면 〈국회법〉을 개정해야 하는데, 거대 양당이 남 좋은 일을 위해 굳이 무리할 필요가 없는 것이 일차적 이유입니다. 또 이면에는 교섭단체가 늘어나면 국고보조금이 줄고 국회운영에서 의견수렴 절차가 더 복잡해져 국회의 비효율성만 높아질 것이란 우려도 깔려 있습니다. 원내대표를 지낸 한 중진의원의 말은 이런 우려를 잘 표현합니다.

19대 국회 비교섭단체인 정의당의 의정활동 모습. 정의당은 통합진보당 해산 이후 유일한 진보정당으로서 분명한 역할을 했지만 비교섭단체로서의 한계를 뛰어넘기에는 역부족이라는 평가가 많다.

"교섭단체 요건을 완화하자는 취지는 공감합니다. 그러나 현실을 봅시다. 지금도 국회가 일을 제대로 하지 않는다는 국민적 비판에 직면해 있는데, 만약 교섭단체가 3개 혹은 4개가 생기면 국회운영의 효율성은 더 떨어질 수밖에 없습니다. 생각해 봐요. 두 사람이 협상해도 어려운데 3명, 4명이 하면 어떻겠습니까? 국회에서 되는 일도 없고, 안 되는 일도 없을 것입니다."

('교섭단체 폐지 주장' 정의당 심상정 원내대표 인터뷰 참고)

심상정

1959년생. 민주노총 전국금속노조 사무처장 등을 거쳐 17대 민주노동당 의원으로 정계에 입문했다. 민주노동당 원내수석부대표와 비상대책위원회 대표, 진보신당 공동대표 등을 지냈고, 19대 국회 경기도 고양시 덕양구갑에 출마해 재선 고지에 올랐다. 정의당 원내대표를 맡고 있다.

교섭단체 제도는 소수정당 배제에 악용

교섭단체 구성요건인 의석 20석이 지나치게 많다는 의견이 있습니다. 지나치다는 근거는 무엇입니까?

지역주의를 바탕으로 한 거대정당과 '승자독식' 소선거구제는 정당 지지율과 의석수의 괴리로 나타납니다. 소수정당을 지지하는 민의를 반영할 수 있는 구조 자체가 아닌 것입니다. 뿐만 아니라 교섭단체 구성요건 20석은 국회운영과 의제설정에서 소수정당을 철저히 배제하는 데 이용됩니다. 외국을 보면, 미국·영국·오스트레일리아·노르웨이는 교섭단체 기준이 아예 없고, 일본은 2명, 벨기에·스위스·오스트리아는 5명, 캐나다와 스페인은 12명과 15명이 교섭단체 기준입니다.

국회운영의 효율성 등을 고려했을 때 어느 정도가 적정선이라고 봅니까?

아예 '교섭단체 제도'를 폐지하여 국민의 지지로 원내 진출한 모든 정당이 모여 '국회운영위원회'를 만들어야 합니다. 이를 통해 다양한 국민의 목소리를 대변해 의회의 대표성을 높여야 합니다. 동시에 다수파와 소수파가 공존하도록 국회운영의 민주성을 강화하는 것이 바람직합니다.

거대 양당은 교섭단체 요건을 완화하면 국회 효율성이 떨어진다고 주장합니다. 반론이 있습니까?

'교섭단체 구성요건 20인'을 유지해야 한다는 명분이 국회운영의 효율성입니다. 그러나 그동안 거대양당의 국회운영과 협상과정 등을 보면, 오히려 두 교섭단체 만의 독점적 협의와 이에 따른 비효율성이 문제가 됩니다. 차라리 교섭단체제도를 폐지하면 가치·정책지향이 뚜렷한 제3, 제4의 정치세력이 활성화되고 특정 정당이 과반 의석을 차지하기도 어려워져 장기적으로는 '합의 정치'로 가는 발판이 될 것입니다.

국회의원과 보좌진

국회의원 보좌진의 구성과 역할

의원 보좌진은 모두 8명

국회의원이 되면 보좌진 8명을 둘 수 있습니다. 다만 급수가 다르죠. 먼저 보좌관 2명을 둘 수 있는데, 모두 별정직 4급의 예우를 받습니다. 또 별정직 5급의 비서관 1명과 6급, 7급, 9급 비서 각 1명씩을 둘 수 있습니다. 여기에 인턴직원 2명도 쓸 수 있습니다. 모두 8명이죠.

이 가운데 보좌관 2명과 비서관 1명은 의원의 추천에 의해 국회의장이 임명하고 나머지는 국회 사무총장이 임명권자입니다. 형식적 임명

표 2 국회의원의 급수에 따른 보좌진

명칭	4급 보좌관	5급 비서관	6급 비서	7급 비서	9급 비서	인턴	총계
정원	2명	1명	1명	1명	1명	2명	8명

국회의원 보좌진의 활동모습. 보좌진은 정책과 선거, 법안처리 등 모든 면에서 의원을 보좌한다.
좋은 보좌진은 의원의 경쟁력이고, 좋은 보좌진을 선발하는 것은 의원의 실력이다.

권자는 의장과 사무총장이지만 보좌진의 실질적 임면권은 100% 의원 개인에게 있습니다.

국회의원 보좌진은 누가 되나?

의원 보좌진의 경력은 물론 보좌진이 되는 경로도 매우 다양합니다. 대학교를 졸업하고 곧바로 의원 비서로 입문해 보좌관까지 승진하는 경우도 있고, 선거 때 의원을 도와주다가 당선 이후 보좌진으로 옮기는 경우도 있습니다. 또 대학원 등에서 학업을 계속하다 의원 보좌진으로 합류하거나 심지어 사법고시나 변호사시험, 의사나 약사시험 합격 이후 국회 경험을 쌓기 위해 보좌진으로 오는 경우도 있습니다. 각 정당의 당직자가 의원 보좌진으로 옮기는 예도 있습니다. 이렇게 국회의원 보좌진으로 들어와 의원과 오랫동안 일하는 경우도 있고, 의원이 낙선하면 다른 의원과 일하거나 아예 직업을 바꾸는 사례도 많습니다. 다만 의원 보좌진의 임면은 전적으로 의원의 권한이기 때문에 이직이 굉장히 심한 것이 특징이기도 합니다.

보좌진의 역할은 천차만별

국회의원 보좌진의 역할은 해당의원이 누구냐, 어떤 성향이냐에 따라 다양합니다. 예를 들어, 정책능력을 강조하는 의원은 4급 보좌진 2명 모두 정책전문가로 채용하고 각종 법안마련 등에 중점을 두겠죠. 반면 지역구 활동을 우선시하는 의원은 보좌진을 정책전문가보다 지역구 관리에 적합한 인물을 고르겠죠. 초선의원의 경우에는 대개 국회경험이 많은 보좌진을 옆에 두고 국회생활에 도움을 받습니다. 대권에 도전할 생각이 있는 의원은 선거나 정책전문가를 보좌진으로 둘 수도 있습니다. 또 지역구 현안 가운데 SOC 사업이 많아 예산확보가 우선이라면, 국토교통이나 기획재정 분야에서 오래 일한 보좌진을 맞춤형으로 채용할 수도 있습니다.

아무튼 보좌진은 법안 마련은 물론 지역구 관리, 국정감사, 현안질의 등 의정활동 대부분을 지원하기 때문에 유능한 의원 뒤에는 반드시 유능한 보좌진들이 포진해 있습니다. 반대로 보좌진을 효율적으로 구성하고 운영하며, 적절한 동기를 부여하는 것 또한 국회의원의 능력이기도 합니다.

국회의원 친인척 보좌진 채용, 어떻게 봐야 하나?

국회의원 가운데 자신의 친인척을 보좌진으로 채용하는 경우가 적지 않습니다. 아들·딸 말고도 친동생이나 처남, 조카, 시동생 등을 보좌진으로 채용하거나, 보좌진 8명 가운데 2 명 이상을 친인척으로 채용하는 의원도 없지 않습니다. 〈국회의원 수당 등에 관한 법률〉에서 보좌진 채용에 관한 구체적 제한이 없기 때문에 가능한 일입니다. 사실 의원 친인척들이 실제로 선거에서 '일등공신'인 만큼, 능력이 되고 구체적 역할이 있다면 친인척을 보좌진으로 채용하는 일을 싸잡아 나무랄 수는 없습니다.

그러나 분명히 문제가 되는 경우도 있습니다. 한 18대 국회의원은 자신의 딸을 4급 보좌관으로 등록시키고 아예 사무실로 출근시키지도 않았습니다. 또 다른 의원은 아들을 뚜렷한 역할도 없이 5급 비서관으로 등록시켰다가 언론에서 문제를 제기하자 뒤늦게 보좌진 등록을 취소하기도 했습니다. 이런 잡음이 끊임없이 계속되자 2010년 한나라당 강명순 의원이 배우자나 4촌 이내 친족을 보좌진으로 채용하지 못하도록 하는 〈국회의원 수당에 관한 법률 개정안〉을 냈지만 2년 넘게 상임위에서 표류하다가 18대 국회가 끝나면서 자동 폐기됐습니다.

국회의원 보좌진에 대해 알아야 할 것들

의원과 정치적 운명을 함께하는 보좌진

보좌진의 출신과 역할이 천차만별이듯, 의원과의 관계 또한 매우 다양합니다. 모 야당 중진의원의 경우, 민주화 운동을 함께 하던 친구를 보좌관으로 두었습니다. 사석에서 서로 말을 놓고 정치적 진로에 대해 의논하는 동지인 셈이죠. 또 친구는 아니더라도 존경하는 의원 밑에서 보좌진으로 정치를 배우고 다시 본인이 정계에 입문해 성공한 경우도 있습니다. 새정치민주연합 조정식 의원, 새누리당 김태호 의원 등이 대표적입니다.

보좌관 본인이 의원 등으로 정계에 입문하지는 않았지만 함께 모셨던 의원의 정치적 위상이 커지면서 본인도 함께 성장하는 경우도 있습니다. 이명박 정부 때 '왕차관'으로 불렸던 박영준 전 지식경제부 차관은 이명박 전 대통령의 친형인 이상득 의원의 보좌관 출신입니다. 박근혜 대통령의 보좌진이었던 이재만, 안봉근, 정호성 씨 등도 박근혜 정부 출범 이후 청와대 비서관으로 자리를 옮겨 함께 일하고 있죠.

(제정구 전 의원 보좌관 출신 새정치민주연합 조정식 의원 인터뷰 참고)

보좌진은 국회의원의 얼굴

정치부 기자들이 의원을 평가하는 여러 기준 가운데 하나가 보좌진입니다. 보좌진의 능력과 품성, 언행 등을 보면 의원의 실력이나 평판도 가늠할 수 있다는 뜻입니다. 국회에서 동료의원에 대한 배려가 부족

국회 의원회관 복도. 의원이나 보좌진은, 언론인은 물론 지역 주민이나 정책 관련 민원인들이 편안하게
의원실을 방문할 수 있는 분위기를 만들어야 한다. 그게 소통의 첫걸음이다.

하거나, 흔한 말로 '사람 귀한 줄 모르는' 의원의 보좌관은 사무실을
찾는 민원인들을 홀대하는 경우가 잦습니다. 반대로 의원 스스로가
지역구민이나 민원인들을 성심껏 응대한다면, 보좌진들도 부지불식
간에 의원의 행동을 따를 수밖에 없습니다.

또 어떤 의원은 보좌진들을 뚜렷한 이유 없이 몇 개월에 한 번씩 교
체하는 등 변덕을 부리는데, 이런 경우 국회에서 좋은 평가를 받기가
어렵죠. 19대 국회 한 의원은 아침회의 때 아무렇지도 않게 "○○○ 비
서관, 다음 주부터 출근하지 말고 사무실 비우세요"라고 해고통보를
반복했다고 합니다. 우연이겠지만 이 의원은 나중에 비리혐의로 검찰
수사를 받았습니다.

의원에 대한 뒷담화나 비리는 내부에서 나오는 경우가 많습니다. 집안단속을 못하는 의원이 정치적으로 성장하기는 쉽지 않습니다. 이런 의미에서 '보좌진을 보면 의원이 보인다'라는 말이 정치권의 불문율입니다.

(새누리당 · 새정치민주연합 보좌진협의회 김태훈 · 박도은 회장 인터뷰 참고)

의원과 보좌진이 악연으로 끝난 경우

의원과 보좌진이 함께 정치적으로 성장하는 경우도 있지만 반대로 동반 몰락하는 경우도 많습니다. 사람 잘못 쓰면 패가망신하는 거죠. 경남 진주에서 17, 18대 의원을 지낸 최구식 전 의원이 대표적입니다. 지난 2011년 최 의원의 수행비서관인 공 모씨가 이른바 좀비 PC를 이용한 디도스 공격으로 중앙선거관리위원회 홈페이지를 마비시킨 사건이 있었습니다. 서울시장 보궐선거에서 박원순 후보를 떨어뜨리기 위한 것이었죠. 당연히 공 씨는 법적 처벌을 받았습니다. 그런데 아무런 연관이 없는 것으로 드러난 최구식 의원도 도의적 책임을 지고 탈당했고 19대 총선에서는 공천을 받지 못했습니다. 최 의원 본인으로서는 참으로 억울한 일이겠죠.

이런 악연은 너무 많습니다. 19대 국회만 보더라도 '철도비리' 혐의로 구속된 조현룡 의원은 비서인 운전기사가 체포되면서 수사가 시작됐고, 박상은 의원도 운전기사가 3천만 원이 담긴 돈가방을 검찰에 제보하면서 수사선상에 올랐습니다. 이른바 '입법로비'로 수사선상에 오른 신학용 의원도 함께 일했던 보좌진의 메모가 문제가 됐습니다.

때문에 일부 의원들은 본인과 일거수일투족을 같이 하는 운전기사(보통 7급 혹은 9급 비서) 만큼은 친인척을 선호하기도 합니다.

국회 의원회관에 있는 의원 개인사무실(위)과 보좌진의 사무 공간(아래).
이곳에서 국회의원과 보좌진은 하나의 '의원실'을 꾸려 팀*team*으로 일한다.
팀워크*teamwork*가 좋은 '의원실'이 일을 잘하는 것은 회사나 국회나 다르지 않다.

조정식

1963년생. 제정구 의원 보좌관 등으로 정계에 입문해 17대 국회 열린우리
당 의원으로 등원에 성공했다. 경기도 시흥시을에서 내리 3선 고지를 밟았
고 민주당 원내대변인과 경기도당 위원장, 민주통합당 공천심사위원 등을
거쳐 새정치민주연합 사무총장을 맡았다. 국회 중소기업·소상공인 살리기
포럼 대표로도 활동하고 있다.

의원과 보좌진은 동지의식 있어야

빈민운동의 대부 고故 제정구 의원 정책보좌관으로 정계에 입문했습니다. 자신의 정치
활동에 '제정구 의원 보좌관'이라는 타이틀은 어떤 의미입니까?
동양 고전 〈채근담〉에 '인연을 따른다는 수연隨緣과 자신의 본분을 지
킨다는 소위素位라는 4글자는 인생의 바다를 건널 때 반드시 필요한 구
명대救命帶다'라는 말이 있습니다. 제정구 의원님은 내 삶에서 '구명대'
와 같은 분이었습니다. 1992년에 정치적 인연을 맺어 타계하시기 전
까지 8년 동안 모셨는데, 정치란 무엇이고 어떤 모습으로 존재해야 하
는가에 대한 답을 주셨던 분입니다.

고 제정구 의원의 행동이나 말 가운데 큰 가르침이 됐던 것은 무엇입니까?
고 제정구 의원께서는 '20세기가 상극의 시대였다면, 21세기는 상생
의 시대여야 한다'고 늘 말씀하셨습니다. 치유와 통합으로 대립과 갈
등을 극복하는 '상생의 정치'는 제가 정치를 하는 이유이며, 포기할 수
없는 가치이기도 합니다.

요즘은 의원과 보좌진이 정치적 동지로 관계를 맺기보다 직업으로서의 보좌관, 전문직으로서의 보좌관이 점차 늘고 있습니다. 어떻게 봅니까?

예전과는 달리 석·박사나 변호사 등 전문가들이 보좌진으로 일하는 사례가 많이 늘어난 것은 바람직하다고 생각합니다. 다만, 국회 보좌진이라는 것은 '직업'이 아니라, 자기에게 맡겨진 일을 성실하게 수행하는 소명의식과 정치적으로 뜻을 같이하는 동지의식이 있어야 한다고 생각합니다.

국회의원과 보좌관을 모두 해본 입장에서 훌륭한 보좌진의 덕목은 무엇이라 생각합니까?

국회의원과 보좌진이 공통으로 가져야 할 것은 '왜 정치를 하는가?'에 대한 명확한 이유를 가져야 한다는 것입니다. 이것은 수많은 이해관계자의 의견을 듣고 현안을 마주할 때 그것을 해결하는 원칙이며 해답이기 때문입니다. 또한 무엇보다 서로를 믿고 의지할 수 있는 신뢰가 필요하다고 생각합니다.

김태훈·박도은

새누리당 보좌진협의회 김태훈 회장
새정치민주연합 보좌진협의회 박도은 회장

직원들에게 잘하는 의원이 정치도 잘한다

새누리당과 새정치민주연합 모두 보좌진협의회가 있습니다. 어떤 역할을 합니까?

김태훈 보좌직원들의 권익향상이 주목적입니다. 별정직 국가공무원 신분이라 노동조합 활동은 쉽지 않지만 어떤 면에서 보면 '준노동조합'의 역할을 합니다.

박도은 마찬가지입니다. 양당 협의회는 보좌진의 권익향상과 후생복지 강화가 주된 목적입니다. 동시에 정책전문가 집단이라는 자부심을 갖고 당과 의정활동을 지원하는 역할도 중요합니다.

의원 보좌진에 대한 인식이 상당히 개선됐고 전문직화되는 추세입니다. 이에 대해 어떻게 봅니까?

김 실제로 보좌관, 비서관 가운데 석·박사도 많고 변호사, 회계사, 노무사 출신도 상당할 정도로 전문화되는 추세입니다. 고용이 불안한 측면이 있지만 보좌진이 전문화됨에 따라 장기근속이 많아지고 있습니다. 연봉도 좋은 편이고 하는 업무도 보람이 큽니다.

박 말씀하신 것처럼 의사, 변호사, 해외유학파 박사 등 전문가 인력의 상당수가 보좌진으로 근무하고 또 계속 증가하는 추세입니다. 보좌진의 역량과 역할이 그만큼 증대했다는 의미 아니겠습니까?

그럼에도 여전히 고용이 불안합니다. 의원의 말 한마디면 의원실을 나가야 합니다. 대안은 없습니까?

김 보좌진도 국민의 한 사람이고 가정이 있는 근로생활자입니다. 국회의원들이 보좌진을 함부로 해고하는 것은 국민의 대표기관으로서 이율배반입니다. 대안은 관련법규에 부당해고를 금지하고 면직 시 최소 30일 전에 알려주도록 하는 면직예고제를 두면 됩니다.

박 프랑스의 경우 '보좌진 풀제'를 운영하는데 우리도 검토해볼 만합니다. 정당별로 의원 소속이 아닌 상임위 소속 보좌진 풀제를 도입하면 전문성 강화와 고용안정에 모두 도움이 된다고 봅니다.

보좌관의 입장에서 함께 일하고 싶은 의원과 그렇지 않은 의원이 있습니까?

김 보좌진을 나라를 위해 일하는 동반자라고 생각해 주는 분이 함께 일하고 싶은 의원이고, 보좌진을 개인집사나 용병으로 생각하는 의원은 기피대상 1호입니다. 그런 의원실은 블랙리스트가 되기 때문에 괜찮은 보좌진은 지원하지 않습니다. 결국 피해는 해당 의원님이 봅니다. 일종의 부메랑 효과이죠.

박 직원들한테 잘하는 의원이 정치도 잘하는 법입니다. 반대로 불통하고 독선적인 의원과는 일하고 싶지 않은 것이 인지상정입니다. 그런 의원들의 경우 보좌진 해임도 잦습니다.

국회 보좌관의 바람직한 덕목과 보좌진을 희망하는 사람들에게 조언할 점이 있습니까?

김 의원 개개인은 국민을 대표하는 헌법기관입니다. 공익에 봉사하는 마음가짐으로 대통령을 모시듯 정성을 다해 보좌해야 합니다. 전문지식과 교양을 쌓아 정책전문가가 될 준비도 필요합니다.

박 공감합니다. 공익에 대한 사명감이 기본입니다. 동시에 어느 조직이든 마찬가지지만 배려와 인내심도 필요하고 기획마인드와 글쓰기 능력도 현실적으로 중요합니다. 특히 보좌진을 희망하는 사람은 무엇을 하고 싶은지 명확히 해야 합니다. 국회가 무엇을 하는지 모르고 오는 사람도 더러 있습니다.

정치를 읽는 디딤돌

정당

정당에 관한
기본 지식

의회 민주주의의 시작, 정당정치

1946년 정당활동 기지개

정당은 정치권력을 잡기 위해 이념을 같이하는 사람들이 헌법의 테두리 안에서 활동하는 결사체를 말합니다. 교과서에 정의하는 정당의 개념에서 제가 굳이 '헌법의 테두리'라는 말을 첨가했는지는 길게 설명하지 않겠습니다. 이념을 같이한다고 해서 자유민주주의에 반하는 정치 결사체를 정당으로 인정할 수는 없기 때문입니다.

우리나라에서 정당활동이 시작된 것은 1946년, 미군정 법령 제 55호 〈정당에 관한 규칙〉이 공포되면서부터입니다. 이후 1962년 제 3공화국에 들어와 〈정당법〉이 제정되면서 비로소 제대로 된 정당의 모습이 갖춰지기 시작했고 시대적 요구에 따라 여러 차례 법이 개정되면서 오늘에 이릅니다.

정당의 목적은 정치권력 획득

정당은 정치권력을 획득하기 위해 여러 가지 활동을 하지만, 〈정당법〉 2조에 규정된 정당의 정의가 정당활동을 가장 명확하게 설명합니다. 〈정당법〉 2조는 "국민의 이익을 위하여 책임 있는 정치적 주장이나 정책을 추진하고 공직선거의 후보자를 추천 또는 지지함으로써 국민의 정치적 의사형성에 참여함을 목적으로 하는 국민의 자발적 조직"으로 규정합니다.

이 규정에 따르면 정당은 정권획득을 위해 ① 정치적 주장이나 정책 추진, ② 공직선거에서의 후보자 추천 또는 지지, ③ 이를 통해 자신에게 유리한 국민적 정치의사 형성활동을 할 수 있습니다. 일부 언론이나 정치권에서 기초선거 공천폐지가 마치 정치개혁의 상징으로 간주되는데, 법이 정한 정당의 권한과 의무를 포기하는 것인 만큼 신중하게 판단할 필요가 있습니다.

지구당 대신 당원협의회

〈정당법〉에 따르면 정당은 중앙당과 시·도당으로 구성됩니다. 2005년 〈정당법〉 개정으로 국회의원 선거구 이하 단위, 다시 말해 지구당은 사라졌습니다. 대신 지역구별로 당원들의 임의조직인 당원협의회(이하, 당협)가 생겼습니다. 그런데 당협은 〈정당법〉이 규정한 정당의 정식기구가 아니기 때문에 당협 이름의 정치활동은 불법입니다. 당협 사무실을 내서도 안 됩니다. 이처럼 중앙당과 시·도당 외에 지구당을 없앤 것은 17대 총선 불출마를 선언하고 정치개혁을 주도한 오세훈 전

의원이 발의한 '오세훈법'〈정당법 · 공직선거법 · 정치자금법 개정안〉에 따른 것입니다. 당시 지구당이 정치자금을 가장 많이 사용하는 불법의 온상이라는 비판을 반영한 것이죠.

당협위원장 = 지구당위원장?

그러나 현역의원이 자신의 지역구에 아무런 조직을 갖지 않는 것은 현실적으로 무리입니다. 그래서 당원협의회가 옛 지구당의 역할을 대신하는 경우가 많죠. 그러나 당협의 정치활동은 불법이고 사무실도 둘 수 없습니다. 따라서 편법이 동원됩니다. 당협위원장의 개인사무실(현역의원의 경우 후원회 사무실)이 보통 당협사무실로 이용되고 운영비도 당협위원장의 호주머니에서 나오는 경우가 많습니다. 당협이 지구당의 역할을 어느 정도 대신하는 셈이죠. 때문에 정치권에서는 '당협위원장 = 지구당위원장'이라는 인식이 아직도 통용됩니다.

중앙당의 조직

앞서 〈정당법〉에 따라 중앙당과 시 · 도당이 공식적 정당조직이라고 말씀드렸습니다. 그런데 흔히 정당, 예를 들어 새누리당이나 새정치민주연합이라고 하면 중앙당을 일컫는 경우가 많죠. 중앙당은 한 정당의 활동을 총괄하는 조직입니다.

어느 정당이든 중앙당의 최고 의사결정 기구는 전당대회입니다. 모든 당원들이 모여 대통령 후보나 최고지도부 선출, 당헌 · 당규 개정 등 주요 사안을 의결하는 기능을 합니다. 그러나 수시로 전당대회를

새누리당 최고위원회의.
당 대표 오른쪽으로 '당연직 최고위원'인 원내대표가 앉고, 왼편에는 전당대회 2위 득표 최고위원이 앉는다.

열 수는 없는 만큼 전당대회의 권한을 일정부분 위임하는 전국위원회와 상임전국위원회가 있고 당무와 관련된 최고 의사결정 기구로 최고위원회를 두었습니다. 사실 전당대회는 물론 전국위원회나 상임전국위원회만 해도 규모가 크고 수시로 개최하기 어려워 중앙당의 최고 의사결정 기구는 최고위원회라고 봐도 무방합니다. 보통 중앙당은 1주일에 2~3번 최고위원회를 엽니다.

중앙당의 최고 의사결정 기구 최고위원회

최고위원회 아래에는 당의 살림을 총괄하는 중앙당 사무처와 전략기획본부, 홍보기획본부가 있습니다. 또 중앙위원회, 윤리위원회, 재정위원회, 홍보위원회, 노동위원회, 국제위원회, 인권위원회, 여성위원회, 청년위원회 등 중앙당의 20여 개 위원회도 최고위원회 아래

2015년 2월 전당대회 이후 첫 회의를 하는 새정치민주연합 최고위원.
최고위원회의는 여야 모두 실질적인 당의 최고 의사결정기구이다.

에 배속돼 있습니다. 사무처 아래에는 기획, 총무, 조직국 등 당의 주
요 조직이 위치합니다.

중앙당 사무처와 위원회 외에도 원내대책회의와 정책위원회도 엄
격히 보면 최고위원회 아래에 위치합니다. 하지만 원내 주요 사항 결
정이나 정책위원회의 주요 정책결정 등은 의원총회에서 이뤄지고, 의
원총회에서 결정된 사안을 최고위원회가 형식상으로 추인하는 절차
를 밟습니다. 따라서 원내의 주요 사항 결정은 의원총회, 당무와 관련
한 결정은 최고위원회가 실질적 권한을 가진다고 보시면 됩니다.

(새누리당 김태호 최고위원 인터뷰 참고)

그림 1 새누리당 조직 기구표

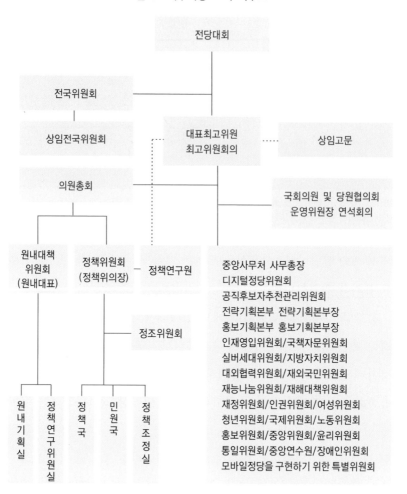

전당대회

전국위원회

상임전국위원회

대표최고위원
최고위원회의

상임고문

의원총회

국회의원 및 당원협의회
운영위원장 연석회의

원내대책
위원회
(원내대표)

정책위원회
(정책위의장)

정책연구원

중앙사무처 사무총장
디지털정당위원회
공직후보자추천관리위원회
전략기획본부 전략기획본부장
홍보기획본부 홍보기획본부장
인재영입위원회/국책자문위원회
실버세대위원회/지방자치위원회
대외협력위원회/재외국민위원회
재능나눔위원회/재해대책위원회
재정위원회/인권위원회/여성위원회
청년위원회/국제위원회/노동위원회
홍보위원회/중앙위원회/윤리위원회
통일위원회/중앙연수원/장애인위원회
모바일정당을 구현하기 위한 특별위원회

정조위원회

원내기획실

정책연구위원실

정책국

민원국

정책조정실

그림 2 새정치민주연합 조직 기구표

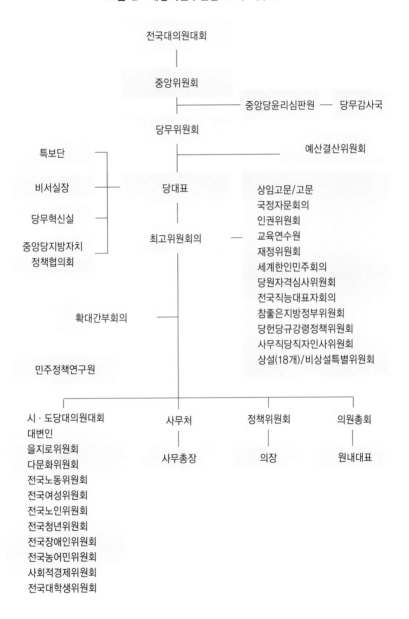

전국대의원대회

중앙위원회

중앙당윤리심판원 — 당무감사국

당무위원회

예산결산위원회

특보단

비서실장

당무혁신실

중앙당지방자치
정책협의회

당대표

최고위원회의

상임고문/고문
국정자문회의
인권위원회
교육연수원
재정위원회
세계한인민주회의
당원자격심사위원회
전국직능대표자회의
참좋은지방정부위원회
당헌당규강령정책위원회
사무직당직자인사위원회
상설(18개)/비상설특별위원회

확대간부회의

민주정책연구원

시·도당대의원대회
대변인
을지로위원회
다문화위원회
전국노동위원회
전국여성위원회
전국노인위원회
전국청년위원회
전국장애인위원회
전국농어민위원회
사회적경제위원회
전국대학생위원회

사무처

사무총장

정책위원회

의장

의원총회

원내대표

지구당 부활 … 고양이 목에 방울달기?

2004년 이른바 '오세훈법'에 따라 지구당이 폐지된 지 10년이 넘어가면서 지구당 부활의 목소리가 서서히 나옵니다. 정치자금이 투명해지면서 예전처럼 지구당을 통해 엄청난 자금을 쓸 수 없고 어차피 당원협의회가 옛 지구당의 기능을 일정 정도 대신하는 만큼, 차라리 〈정당법〉을 재개정해 지구당을 부활시키자는 겁니다. 지구당을 통해 민의를 수렴하고 중앙 정치에 적극 반영하는 것이 오히려 정당 민주주의 활성화에 도움이 된다는 주장이죠.

실제 새정치민주연합 이해찬 의원 등은 "당협위원회가 당원 교육이나 토론회 등을 할 수 없어 정당 민주주의의 풀뿌리가 약해지고 있다. 지구당을 폐지한 '오세훈법'은 정당 민주주의 관점에서는 후퇴한 법"이라며 지구당 부활을 공개적으로 주장하기도 했습니다.

반면 시민단체를 중심으로 시기상조라는 반론도 만만찮습니다. '돈 먹는 하마'로 불렸던 지구당이 부활하면 다시 우리 정치가 '고비용 저효율' 구조로 빠져들 가능성이 크다는 겁니다. 지금도 당협위원회를 통해 상당한 자금이 쓰이는데 지구당을 부활하면 '돈 선거'까지 재연될 수 있다는 주장입니다. 또 지구당이 없다고 해서 정당 민주주의가 후퇴한다는 주장 또한 논리적 근거가 희박하다고 반박합니다.

이 같은 찬반 논란 속에 정치권에서는 지구당 부활에 무게가 실리는 것이 사실이지만 어느 누구도 선뜻 나서지 못합니다. 지구당 부활에 아직까지는 국민여론이 싸늘하기 때문입니다. 논의의 필요성은 있지만 누구도 총대를 메지 못하는 지구당 부활. '고양이 목에 방울을 달' 정치인이 없으면 당분간 지구당 부활은 어려워 보입니다.

통합진보당 해산 결정에 대해

헌법재판소의 통합진보당 해산결정문을 요약하면 "통진당의 핵심 강령 및 이념이 북한의 대남 혁명전략과 같거나 매우 유사"해 우리 헌법이 정한 자유민주주의에 위배된다는 것입니다. 헌재의 결정을 두고 '자유민주주의를 지킨 위대한 결정'이라고 찬성하는 쪽도 있고, 일부에서는 통진당 의원들의 의원직 박탈은 법적 근거가 없다고 주장합니다.

양측의 주장에 대해 법적 시비를 가릴 마음도 능력도 없습니다. 다만, 정치부 기자의 입장에서 보면 대중정당을 지향하는 통진당의 행보는 이해가 되지 않습니다. 통진당의 주장대로라면 이른바 'RO 모임'은 당원 교육에 불과합니다. 인정하겠습니다. 그럼 당원 교육에서 현역의원이 '한 자루의 권총 사상'같은 명백한 사회주의 폭력혁명을 선동하는 발언이 나온 것은 어떻게 봐야 합니까? 국민 혈세를 100억 원 가까이 받은 대중정당에서 과연 가능한 일입니까? 만약 통진당이 자유민주주의에 근간한 정당활동을 추구한다면 스스로 당원대회 등을 열어 이석기 의원 등에 대한 제명이나 출당 등 강력한 조치를 내놨어야 합니다. 내란음모죄에 대한 법적 판단과는 별개로 이석기 의원의 '권총 발언'은 국민세금을 받는 대중정당에서는 용납될 수 없기 때문입니다. 이런 조치 없이 헌재의 결정을 '국정원의 음모', '박근혜 정권의 탄압'이라고만 주장하면, 통진당은 이미 대중정당으로서의 자격 상실입니다.

국회와 정당의 자리도 여러 가지

국회직과 당직

국회의원이 맡을 수 있는 직책은 여러 가지입니다. 예를 들어 당 대표, 최고위원, 사무총장, 상임위원장, 대변인 등 수많은 자리가 있죠. 이런 직책은 크게 국회직과 당직으로 나뉩니다. 국회직은 〈국회법〉에 따라 규정된 자리입니다. 국회의장과 부의장, 각 상임위원장과 특별위원회 위원장 등은 모두 국회직에 해당합니다. 반면 당직은 중앙당의 조직에 규정하는 직책입니다. 당 대표와 최고위원, 원내대표와 정책위의장, 사무총장, 중앙당의 각종 위원장, 대변인 등은 모두 당직에 해당합니다.

원내와 원외

신문 정치면 기사를 읽다 보면 원내院內와 원외院外라는 단어를 자주 접합니다. 원내는 국회 안이라는 뜻인데 보통 현역의원을 말하고 원외는 국회 밖, 다시 말해 현역의원이 아닌 사람을 통칭합니다. 예를 들어 보통 당직을 배분할 때 '제 1사무부총장은 원내, 제 2사무부총장은 원외 몫이다'라고 한다면, 1부총장은 현역의원이 맡고 2부총장은 현역의원이 아닌 사람이 맡는다는 의미입니다. '원외 당협위원장'이라는 말도 신문 정치면에 자주 오르내리는데, 한 정당의 지역구를 책임지는 사람인데 현역의원은 아니라는 뜻이죠. '원내 당협위원장'이라면 현역의원이란 뜻이구요. '원내대표'라는 말도 국회교섭단체의 대표라는 의미지만 한 정당의 현역의원들의 대표라는 뜻도 동시에 갖습니다.

원내와 원외는 '하늘과 땅'

정치인이 원내냐, 원외냐, 다시 말해 현역 의원이냐, 아니냐의 차이는 독자 여러분들이 상상하시는 것 이상입니다. 선거에서 떨어진 전직의원은 국회직이나 당직 가운데 맡을 수 있는 직책이 거의 없습니다. 국회 사무총장이나 당 최고위원 정도가 고작입니다. 그나마 국회 사무총장은 여당 몫이기 때문에 전직 야당의원에게는 그림의 떡이고, 최고위원 출마 역시 조직과 자금에서 열세인 전직의원에게는 쉬운 일이 아닙니다.

직책뿐만이 아닙니다. 현역의원에게 주어지는 8명의 보좌진과 사무실, 차량은 물론 의원 본인의 세비도 없어집니다. 한마디로 춥고 배고픈 것이 원외입니다. 그나마 당협위원장이라도 맡으면 자신의 지역구에서는 '대접'을 받지만, 위원장 자리도 없는 전직의원은 갈 곳이 없습니다. 때문에 정치권에서 이런 농담이 있습니다.

"남자가 민방위 떨어지고, 여자가 생리 떨어지고, 국회의원이 선거에서 떨어지면 좋은 시절 다 지나간다."

김태호

1962년생. 국회의원 보좌관과 경남도의원, 거창군수를 거쳐 민선 경남도지사 재선에 성공했다. 이명박 정부 시절 국무총리 후보로 지명되기도 했다. 18대 국회 경남 김해시을 보궐선거로 등원해 재선 고지를 밟았다. 2014년 새누리당 전당대회에서 최고위원으로 당선됐다.

최고위원은 계파 아닌 국민 눈높이 따라야

광역단체장 출신 재선의원으로서 최고위원에 출마하게 된 배경은 무엇입니까?

새누리당 전신인 한나라당을 '웰빙당'이라고 부르던 시절이 있었습니다. 그러나 지금 새누리당의 모습이 과거 한나라당과 얼마나 큰 차이가 있는지 반문해 보지 않을 수 없습니다. 또 지금 새누리당이 보수 혁신을 외치는데 보수라는 의미를 제대로 아는지도 의문입니다. 보수도 좋고 진보도 좋지만 새누리당의 궁극적 목표는 국민 삶의 질과 행복지수를 높이는 정당이 되어야 합니다. 그렇게 되도록 새누리당을 바꾸고 싶어 최고위원에 출마했습니다. 그러나 지금 많은 한계를 느끼는 것이 사실입니다.

최고위원의 역할을 알기 쉽게 말한다면 어떤 것입니까?

과거 제왕적 총재체제의 폐해를 막기 위해 최고위원들에 의한 집단지도체제를 만들었습니다. 그래서 당의 모든 의사결정은 최고위원회의 의결을 거치도록 하는 만큼, 최고위원 한 사람, 한 사람의 역할이 중요합니다. 특정 계파가 아니라 모든 당원들과 국민들의 다양한 뜻이 반영될 수 있도록 최고위원은 최선을 다해야 합니다.

최고위원으로서 주요 당무결정에 참여하면서 나름대로 판단기준이 있습니까?

가장 중요한 기준은 국민들의 눈높이와 생각입니다. 당무든 정책이든 국민의 요구가 무엇이고 국민의 뜻이 무엇인지를 귀를 열어 들어보고 고민한 뒤에 결정합니다.

당 최고 의사결정 기구인 최고위원회 운영에서 개선해야 할 점은 없습니까?

분명히 집단지도체제인데도 그 특성을 살리지 못해 아쉽습니다. 특히 최고위원들 사이에 이익이 상충되면 충분한 대화와 원만한 타협이 있어야 하는데 그렇지 못해 아쉬울 때가 많습니다.

시대에 따라 변하는
당직자의 힘

당 대표

당의 얼굴 대표최고위원

당직 가운데 최고를 꼽으라면 당연히 당 대표입니다. 정확한 명칭이 '대표최고위원'이죠. 보통 전당대회에서 최고위원 5명을 선출하는데, 1위 득표자가 당 대표가 되기 때문에 정식 명칭이 대표최고위원입니다. 물론 당 대표와 최고위원에 출마한 후보를 분리해 선출하는 경우도 있습니다. 여야 또는 시대에 따라 전당대회 지도부 선출규정이 조금씩 다르기 때문입니다. 그럼에도 당 대표는 당의 최고 어른으로서 당 최고위원회의를 주재하고 주요 당무를 관장합니다. 또 최고위원 2명을 지명할 수도 있고 사무총장 등 주요 당직에 대한 임명권도 있습니다.

집권 여당의 대표는 통상 국무총리급 예우를 받고 제1야당의 대표 또한 이에 상응한 예우를 합니다. 청와대 경호실 경호규정에도 여당 대표뿐만 아니라 제1야당의 대표에게도 대통령 참석행사에서 신분검

사를 하지 않도록 합니다. 의회 민주주의를 이끌어가는 정당대표에
대한 예우겠죠.

당 대표의 핵심권력은 공천권

그러나 예전의 3김 시대와 비교하면 당 대표의 권한이 크게 약화된 것
은 분명합니다. YS와 DJ, JP가 당 대표 혹은 총재를 맡던 시절에는 이
들이 당 운영의 전권을 가졌습니다. 인사와 자금은 물론 공천권을 가
졌기 때문에 3김의 당내 위상은 절대적이었습니다. 특히 지역구도가
공고한 상황에서 공천권은 의원 개개인에 대한 생사여탈권이나 마찬
가지였고 3김 리더십의 근간에는 공천권이 자리했습니다.

예전 같지 않은 당 대표의 권한

그러나 한국 정치에서 확실한 지분을 가졌던 3김이 일선에서 물러난
이후 당 대표의 권한이 크게 약화됩니다. 가장 큰 이유는 당 대표가 공
천에 대한 전권을 행사할 수 없기 때문이죠. 당내 지분을 90% 이상 확
보한 YS나 DJ와 달리, 현재의 당 대표는 전당대회에서 각 계파 혹은
그룹별(성향이나 선수, 지역)로 지원을 받아 당권을 잡습니다. 때문에
공천권을 행사할 때도 계파 혹은 그룹별 안배를 할 수밖에 없습니다.
　쉽게 말해, 3김이 100% 주식을 보유한 '오너'^{owner}라면, 현재의 당
대표는 30~40% 정도의 지분만 보유한 '관리형 CEO'로 보시면 됩니
다. 물론 사람마다 차이는 있죠. 한나라당을 예로 들면 이회창 전 대
표는 당내 지분이 상당히 많아 '오너형'에 가깝다면, 강재섭 전 대표는

국회 본회의에서 교섭단체 대표연설을 하는 새누리당 김무성 대표.
통상 국회가 개원할 때 당대표와 원내대표가 교섭단체 대표연설을 번갈아가며 한다.

당내 지분이 미약한 '관리형 대표'로 보시면 되죠. 그러나 큰 틀에서는 3김과 비교해 현재의 당 대표는 지분이 적고 권한 또한 약화됐다고 보시면 됩니다.

당 대표의 권한이 약화된 또 다른 이유는 원내 정당화가 빠르게 진행되면서 원내대표의 권한이 커졌기 때문입니다. 쉽게 설명하면 이렇습니다. '3김 시대' 정당은 법안처리나 여야관계 등 국회 내부의 업무(원내)보다는 국회 밖 정치적 투쟁(원외)의 비중이 컸습니다. 그러나 6월 민주항쟁(1987) 이후 '민주 대 반민주'의 구도가 서서히 사라지면서, 국회 밖보다는 안의 업무가 훨씬 많아졌습니다. 여기에 정당 민주화 바람을 타고 원내대표를 의원 직선으로 뽑으면서 원내대표에게 국회운영의 전권이 주어졌습니다. 따라서 제왕적 대표시절의 업무 가운데 상당부분이 원내대표에게 넘어간 것도 당 대표의 권한이 약화된 원인 가운데 하나입니다.

원내대표

원내 사령탑 '원내대표'

원내대표는 당 대표와 함께 당을 이끌어가는 사실상의 '투톱'입니다. 법안처리를 포함한 국회운영과 이에 따른 여야관계 전반을 관장하는 권한을 갖습니다. 뿐만 아니라 소속의원의 상임위 배분과 국회직·일부 당직(국회 상임위원장과 간사, 원내수석부대표, 원내부대표 등) 인선, 주요 정책에 따른 법안처리, 본회의에서의 발언허가 등이 모두 원내대표의 소관업무입니다. 당연직 최고위원으로서 최고위원회에 참석하고 여당 원내대표는 국회 상임위인 국회 운영위원장을 겸임합니다.

여당, 대통령 측근 … 야당, 투쟁·협상력 우선

특히 여당 원내대표는 청와대와 호흡을 맞춰 각종 대선공약을 실천하고 이를 위해 행정부와 당정협의를 주관하기 때문에 정권출범 초기 대통령의 최측근 인사가 맡는 것이 관례입니다. 청와대나 행정부의 입장에서도 당 대표보다는 원내대표의 업무협조가 국정운영에 필수적입니다. 실제 18대 국회 한나라당 원내대표 안상수 의원, 19대 국회 새누리당 원내대표 최경환 의원 등은 모두 이명박, 박근혜 대통령의 최측근으로 분류되는 인사입니다.

　반면 야당의 원내대표는 투쟁력과 협상력을 최고의 덕목으로 꼽습니다. 여당과의 샅바싸움에서 밀리지 않아야 하고 동시에 협상과정에서 실리도 챙겨야 하기 때문입니다.

청와대의 한 수석비서관은 여야 원내대표의 위상과 역할에 대해 이렇게 표현합니다.

"사실 당 대표가 누가 되든 공천 때를 제외하면 크게 문제될 일이 없다. 그러나 원내대표는 다르다. 대통령 공약은 물론 주요 국정과제 대부분이 법안과 연계돼 있어 원내대표가 어떻게 하느냐에 따라 한 정권의 승패가 결정된다. 대통령과 함께 사실상의 국정의 동반자이다. 따라서 원내대표 선거에는 청와대의 입김이 들어갈 수밖에 없다. 이런 측면에서 야당 원내대표도 대단히 중요하다. 야당 원내대표가 사사건건 법안에 발목을 잡으면 아무 일도 할 수 없다. 따라서 '말이 통하고 협상이 되는' 야당 원내대표를 만나는 것은 정부 출범 첫해 청와대로서는 큰 행운이다."

(집권여당 새누리당 원내대표 출신 이한구 의원 인터뷰 참고)
(제1야당 원내대표를 2차례 지낸 박지원 의원 인터뷰 참고)

의원 직선제 이후 권한 더욱 막강

원내대표의 권한이 이렇게 막강해진 것은 오래되지 않습니다. 예전에는 원내대표를 원내총무라고 불렀고 주로 절대권력을 가진 당 대표의 의중에 따라 국회를 운영하던 임무를 맡았습니다. 주요 당직이긴 했지만 지금과 같이 당 운영의 '투톱'으로 보지는 않았습니다. 오히려 당 사무총장에 비해 서열이 밀렸죠. 그러나 앞서 설명한 것처럼, 원내 정당화가 가속화되고 의원 직선으로 원내총무를 뽑으면서 권한도 막강해졌

의원총회에서 원내대표 후보가 선거에 앞서 정견 발표를 하고 있다.
여야 모두 원내대표가 의원 직선으로 뽑히고 정책 정당화가 가속되면서 원내대표의 위상이 한층 높아졌다.

고 이에 걸맞은 원내대표라는 명칭도 자연스럽게 자리를 잡았습니다.

한국 정당사에 원내대표를 처음 직선으로 치렀던 정당은 2003년 열린우리당이었습니다. 열린우리당은 정책정당화와 탈권위주의, 정당민주화 등을 앞세워 원내대표 직선제를 실시했고, 첫 직선 원내대표는 김근태 전 의원이었습니다. 한나라당도 이후 직선으로 원내총무를 선출했고 명칭을 원내대표로 바꾸면서 여야 모두 원내대표가 실질적 원내 사령탑의 역할을 하게 되었죠.

원내대표 정치적 비중 '수직상승'

원내대표 직선제가 자리를 잡으면서 원내대표 선거결과는 예측하기도 힘들고 선거결과가 갖는 정치적 비중도 커지고 있습니다. 대표적인 예가 18대 국회 한나라당 황우여 원내대표 선출입니다. 당시 친이

새정치민주연합 원내대책회의. 원내대표 옆에는 정책위의장과 원내수석부대표가 앉는다.
세 사람은 당의 국회 업무를 이끌어가는 삼두마차이다.

계를 대표한 안경률 의원과 비주류 중도성향의 황우여 의원이 결선투표에서 맞붙었습니다. 당초 예상은 친이계 주류의 지지를 받은 안 의원의 승리가 예상됐지만 선거결과는 90표 대 64표로 황우여 의원의 압승이었습니다. 당의 쇄신을 요구하는 친박계와 소장파 의원이 황우여 의원을 지지했다는 분석이 나왔고, 결국 이명박 정부가 사실상 레임덕에 빠져드는 계기가 됩니다.

　뿐만 아니라 원내대표는 의원 개개인이 1표를 행사하기 때문에 후보와 의원 사이의 친소관계도 큰 작용을 합니다. 지역과 학맥 외에도 친인척 관계, 개인적 인연 등이 복잡하게 얽혀 있어 어느 의원이 누구를 지지할지 가늠할 수 없습니다. 때문에 경험 있는 정치부 기자들은 수만 명이 투표하는 총선결과보다 100여 명이 투표하는 원내대표 선거결과 예측이 더 어렵다고 말합니다.

여야 당 대표 · 대선 후보 어떻게 뽑히나?

새누리당은 전당대회에서 대의원과 당원, 국민선거인단, 여론조사의 비율을 2:3:3:2의 비율로 합산해 당 대표를 뽑습니다. 당심(대의원, 당원)과 민심(국민선거인단, 여론조사)이 반반씩 반영되는 구조입니다. 전당대회 1위 득표자가 당 대표가 되고 2위에서 5위 득표자가 최고위원이 됩니다. 단, 최고위원에 반드시 여성 1명이 포함되어야 합니다. 따라서 2위에서 5위 득표자 가운데 여성이 있으면 문제가 없지만 만약 5위 밖이라면 기존의 5위 득표자가 탈락하고 여성후보가 최고위원이 됩니다. 전당대회에 출마한 여성이 1명뿐이라면 사실상 자동으로 최고위원이 되는 셈이죠.

이 같은 2:3:3:2 규정은 대통령 후보를 선출할 때와 광역단체장을 선출할 때도 적용됩니다. 이런 규정은 2005년 박근혜 한나라당 대표시절 당 혁신위원회(위원장 홍준표)를 통해 만들었고 당시 박근혜 대표에게 불리한 규정이라는 논란에도 불구하고 박 대표가 이를 수용해 제도적으로 정착됐습니다.

반면 새정치민주연합은 정착된 전당대회 규칙이 없습니다. 때문에 전당대회 때마다 '게임의 룰'을 둘러싼 논란이 재연되곤 합니다. 문제의 핵심은 권리당원과 대의원, 일반당원 및 일반국민 선거인단의 구성 비율입니다. 당원과 일반국민의 참여비율에 따라 주요 계파별로 이해득실이 엇갈리기 때문입니다.

미국과 영국 하원의 원내총무

미국과 영국 하원의 원내사령탑을 원내총무*floor leader*라고 부릅니다. 각종 법안 처리에서 이탈표를 막고 당 소속의원들을 하나로 모으는 역할을 합니다. 때문에 사냥개 무리를 흩어지지 않도록 한곳으로 모은다는 의미에서 채찍을 뜻하는 '휩'*whip*으로 부르기도 합니다. 영국, 미국뿐 아니라 영연방 국가에서도 원내총무를 휩이라고 하죠. 영미 정치권에서 원내총무는 거물급 정치인으로 성장하기 위해 반드시 거쳐야 하는 자리로 평가받습니다. 딕 체니 전 미국 부통령, 낸시 펠로시 전 하원의장 등이 원내총무 출신입니다.

정책위의장

꾸준한 인기, 정책위의장

정책위의장은 당의 주요 정책을 조정·결정하는 정책위원회를 대표하는 자리입니다. 정책위의장 아래에 정책위 부위원장과 정책조정위원장을 두기도 합니다. 정책위의장은 각 정당이 정책정당화를 표방하면서 역할과 권한이 꾸준히 강화되었습니다. 특히, 새누리당은 원내대표와 함께 러닝메이트로 정책위의장을 의원 직선으로 선출하는 만큼 당내에서 상당한 위상을 확보하고 있습니다. 원내대표와 마찬가지로 당연직 최고위원을 맡기도 합니다. 새정치민주연합은 정책위의장을 당 대표가 임명합니다.

막강 권한, 여당 정책위의장

집권 여당의 정책위의장은 위상과 권한이 남다릅니다. 우선 정책위원장 아래에 정책위 부위원장과 6개의 정책조정위원회를 두고, 정책조정위원회(이하, 정조위원회)는 각 상임위를 6개 권역으로 나누어 행정부와 정책 조정을 전담합니다. 예를 들어 국회 법사위와 국회 안전행정위원회는 제1정조위원회에서, 외교통일위원회, 국방위원회, 정보위원회는 제2정조위원회에서 다루는 식이죠. 이렇게 되면 자연스럽게 정부 부처의 주요 정책이 6개 정조위원회별로 나눠지면서 원활한 정책조정이 가능해집니다. 실제 각 정조위원장은 적어도 한 달에 2~3번 정도는 장·차관 등을 불러 각종 정책을 조율하고 주요 현안일 경

19대 국회 새누리당 유승민 원내대표(왼쪽)와 원유철 정책위의장(오른쪽).
여야 모두 원내대표와 정책위의장은 법안처리와 국회운영을 실질적으로 책임진다.
특히 여당 정책위의장은 정부와 함께 대통령의 공약을 실천하는 실무 책임자이다.

우에는 원내대표나 정책위의장이 직접 정책조율에 참여합니다. 이를
당정협의라고 부르죠.

(집권여당 새누리당 정책위의장 출신 주호영 인터뷰 참고)

여당 정책위의 고유 권한, 당정협의

실제 당정협의를 보면 해당 상임위 간사나 위원들이 행정부처 장관이
나 차관, 실무국장 등을 상대로 미리 주요 정책방향을 듣고 당의 입장
을 강하게 전달하기도 합니다. 반대로 정부부처도 주요 정책에 따른
법안처리를 위해 여당의 협조를 요청하기도 합니다. 국민적 관심이

아동학대 방지대책 마련을 위한 당정협의. 당정협의는 여당의 고유권한이다.
만약 대통령이 탈당하고 여당의 지위를 잃으면 당정협의도 사라진다.

높았던 정부의 담뱃값 인상 등은 여당인 새누리당 정책위의 협조가 없
었으면 국회 본회의 통과가 불가능했습니다. 반대로 새누리당의 요구
에 의해 주요 정책이 바뀐 경우도 수없이 많죠.

때문에 기획재정부의 한 고위관료는 여당 정책위의장에 대해 이렇
게 말합니다.

"행정부의 입장에서는 당 대표보다 여당 원내대표와 정책위의장이
더 중요합니다. 사실상 행정부의 군기반장입니다. 두 사람 눈 밖에
나면 국회협조를 받을 수 없고, 국회협조 없이는 사실상 정책추진이
어렵습니다. 당정협의 때 장관 앞에서 한번 깨져보면 두 사람이 군
기반장이란 말이 실감날 것입니다. 하하."

사무총장

당 대표의 오른팔

당 사무총장은 당 대표가 임명하는 대표적인 당직입니다. 중앙당 사무처의 수장이면서 의원을 제외한 일반 당직자의 인사권을 가졌습니다. 동시에 당의 재정도 함께 관리합니다. 예전 3김 시대에는 YS나 DJ, JP의 복심腹心이 임명되는 자리기 때문에 권한이 막강했습니다. 당 운영에 관한 주요 업무를 직접 처리했고 당의 재정과 인사도 대부분 사무총장이 맡았습니다. 때문에 원내총무나 정책위의장보다도 오히려 당의 서열이 높았습니다.

권력의 상징, 여당 사무총장

특히, '3김 시대' 집권 여당의 사무총장은 권력의 핵심으로 꼽혔습니다. 제왕적 권한을 가졌던 당 총재가 대통령까지 된 상황에서, 대통령과 정기적으로 독대하는 사무총장에게 힘이 실린 것은 당연했습니다. 시중 여론을 대통령에게 전달하면서 주요 국정운영에 관한 의견을 제시했고 반대로 대통령의 의중을 직접 당에 전달하기도 했습니다. 심지어 대통령에게 직접 정치자금을 받아 당과 의원에게 배분하기도 했다는 것이 정치권의 정설입니다.

실제 14대, 15대 의원을 했던 원로 정치인의 증언을 들어보죠.

"3김 시대 사무총장 사무실에 가면 큰 금고가 있었어. 사무총장이 불러서 가면 대통령의 덕담이나 지시와 함께 수천만 원의 정치자금을 주기도 했지. 때문에 사무총장이 부르면 열일을 마다하고 가야지. 심지어 사무총장이 의원들과 만나 특정 기업에 대해 험담을 하면 다음 날 바로 검찰이 수사에 나서기도 했어. 그래서 '여당 사무총장은 검찰총장 겸임'이라는 우스갯소리까지 있었지."

(3김 시대 여당 사무총장 출신 원로 정치인 익명 인터뷰 참고)

화무십일홍 花無十日紅

열흘 붉은 꽃이 없다더니 여당 사무총장을 두고 하는 말일 것입니다. 막강 권력을 누리던 여당 사무총장도 3김 시대가 끝나면서 권한이 급격히 줄기 시작했습니다. 우선 정치자금이 투명해지면서 의원들을 장악할 '실탄'이 사라졌습니다. 또 당 대표의 절대적인 공천권이 약화되면서 당 대표를 보좌하는 사무총장도 함께 힘이 빠지게 됐죠.

재미있는 이야기 하나 하죠. 몇 년 전 여당 사무총장을 맡던 한 의원과 모임을 한 적이 있습니다. 모임장소가 정부부처 산하시설이었데 착오가 있었는지 7~8명이 식사할 방이 예약되어 있지 않았습니다. 그래서 방을 마련하기 위해 급하게 식당 측에 부탁했는데, 식당 측에서는 일손이 부족해 빈방이 있더라도 내줄 수 없다며 거절했습니다. 결국 큰 홀에서 식사를 했죠.

식사를 끝내고 나오면서 이 의원이 식당 매니저를 조용히 불러 항의를 하더군요. 다른 사람이 예약한 방을 빼달라는 것도 아니고, 빈 방이 뻔히 있는데 일손이 부족하다고 방을 비워주지 않는 것은 문제가 있다고. 그러면서 혼자 말로 중얼거리더군요.

"명색이 3선 의원에 여당 사무총장인데 이게 무슨 창피야? 옛날 같았으면 사장이 직접 나와서 영접을 했을 텐데. 나 원 참."

이 의원은 당직자 출신이어서 옛날 사무총장의 권한을 누구보다 잘 알았던 것이죠.

썩어도 준치

옛날 당 3역사무총장·원내총무·정책위의장 가운데 선두였다가 지금은 정책위의장에게도 밀리는 신세가 됐지만, 그래도 사무총장이 '허수아비'는 결코 아닙니다. 우선 실·국장을 포함한 사무처 당직자에 대한 인사권과 재정운영권을 갖습니다. 또 당무감사 등을 통해 당 조직을 관리하는 등 사실상 당의 살림살이를 책임지죠. 재보선이 치러지면 '재보선 공천심사위원장'을 맡아 공천에도 깊숙이 관여합니다. 눈에 보이는 권한 외에도 당 대표와 주요 사안에 대한 의견을 교환하면서 당의 의사결정에 깊숙이 관여합니다. 예전 같지는 않지만, 그래도 여전히 사무총장은 누구나 선망하는 주요 당직입니다.

대변인

식을 줄 모르는 인기

대변인은 예나 지금이나 많은 의원들이 선호하는 자리입니다. 이유는 두 가지입니다. 먼저 당의 공식 입장을 대변하는 만큼 잦은 언론 노출로 인해 인지도를 높일 수 있고, 이는 정치인으로서 엄청난 자산입니다. 특히 지역구 의원인 경우, 사실상의 차기 총선의 선거운동을 한다고 봐도 무방하죠. 두 번째는 언론을 상대하다 보면 엄청난 '정무감각'을 쌓을 수 있습니다. 당의 결정사항이나 방침이 과연 국민의 눈에 어떻게 비칠까 늘 생각하게 되고, 이런 고민은 자신도 모르는 사이 정무감각을 높여줍니다. 정치인에게 정무감각은 군인에게 총과 같고, 대변인에게 말은 총의 실탄과 같습니다.

대변인도 시대에 따라 변했습니다. 먼저 3김 시대에는 당의 간판인 만큼 깔끔한 외모와 함께 화려한 언변, 논리로 무장한 남성 초선의원들이 주로 대변인을 맡았습니다. 전국적 스타가 되는 지름길이었죠.

그러다가 정치권이 싸움만 한다는 비판과 함께 여성정치인의 필요성이 커지면서, 서서히 미모의 여성정치인이 대변인을 맡는 경우가 늘고 있습니다. 대변인의 얼굴이나 말투가 당의 이미지와 직결되는 만큼, 딱딱한 남성의원보다 부드러운 여성의원이 필요했겠죠.

('대변인 전성시대'를 이끈 새정치민주연합 박지원 의원 인터뷰 참고)

당 대변인과 원내 대변인으로 이원화

예전에는 대변인 하면 보통 당 대변인을 말했습니다. 그런데 원내대표의 권한이 강화되면서 원내 대변인 제도가 생기기 시작했습니다. 정식 명칭은 '원내 공보부대표'인데 보통 원내 대변인이라고 부르죠. 국회운영이나 여야관계 등 원내 소관업무는 원내 대변인이 맡아 브리핑을 합니다. 예를 들어 국회파행 상황에서의 여야협상, 주요 쟁점법안 설명과 공방, 상임위 운영 등 원내업무는 모두 원내 대변인의 몫입니다.

대신 당 대변인은 원내 업무를 제외하고 주요 국정현안과 이를 둘러싼 대야관계 등은 당 대변인의 몫입니다. 예를 들어 대통령과 여야대표가 회동을 했다면 당 대변인의 소관이고 여야 원내대표가 회동했다면 원내 대변인의 영역입니다. 당마다 차이는 있지만 당 대변인 1~2명, 원내 대변인 1~2명을 둡니다. 많게는 3명을 두기도 합니다.

서서히 자리 잡는 수석대변인

그러나 정치권에서는 원내와 원외의 업무를 무 자르듯 명확히 구분할 수 없습니다. 때문에 당 대변인과 원내 대변인이 같은 사안에 대해 브리핑을 할 수도 있습니다. 여기까지는 큰 문제가 없습니다. 그러나 특정 사안을 놓고는 원내대표와 당 대표의 입장, 다시 말해 원내 의견과 당의 의견이 다를 수도 있습니다. 또 입장이 같더라도 누가, 어떤 표현으로 브리핑 하느냐에 따라 느낌이 완전 다를 수 있습니다. 대변인마다 이런 차이가 계속된다면, 보통 언론은 '당의 메시지에 일관성이 없다'고 비판합니다. 때문에 일관성 유지를 위해 초선 대변인 위에 재

여야 대변인이 브리핑 직후 기자들의
즉석 질문에 답변하고 있다. 회견 직후
즉석 질문과 답변을 보통 '백브리핑'
(*back briefing*)이라 한다.

선급 의원이 수석대변인을 맡아 사전에 의견을 조율하기도 합니다.

(새누리당 수석대변인 김영우 의원 인터뷰 참고)

수석부대변인과 부대변인

수석대변인이나 대변인만 있는 것은 아닙니다. 보통 중앙당에는 약한 명의 수석부대변인과 부대변인이 있습니다. 아무래도 수석부대변인이 부대변인보다는 상위 개념이고 희소성이 있겠죠. 그런데 정당마다, 당 대표마다 스타일이 달라 부대변인의 위상과 숫자는 천차만별입니다. 원외 당협위원장급, 다시 말해 차기 총선에서 배지를 달 수 있을 정도의 위상을 가진 수석부대변인이 있는가 하면, 아무런 활동을 하지 않는 이름뿐인 수석부대변인이나 부대변인도 많습니다. 부대변인의 숫자 또한 10명 이내에서 40~50명까지 큰 차이가 납니다. 대게 1~2명을 제외하고는 선거에서 활용할 '간판'으로 부대변인을 활용하는 경우가 많아, 정치권에서는 부대변인의 위상이 그리 높지 않은 것도 사실입니다.

최고위원과 중진의원

주요 당직으로 볼 수는 없지만 반드시 알아야 할 직책이 최고위원입니다. 최고위원은 전당대회를 통해, 또는 당 대표로부터 지명받아(지명직 최고위원) 선출되고 최고위원회에서 당의 주요 사안에 대한 의결권

의원총회를 통해 당내 의견을 수렴하는 모습. 최고위원이나 중진의원이 당내 영향력을 행사하지만
전체 의원의 뜻을 물어야 할 때는 여야 모두 반드시 의원총회를 연다.

을 가집니다. 명실상부한 최고 지도부죠.

그러나 중진의원과는 다른 개념입니다. 보통 4선 이상을 중진의원
이라고 부르는데, 주요 의사결정 과정에서 중진의원들의 의견을 듣는
경우가 많습니다.

새누리당의 경우, 지난 18대 국회 박희태 대표시절부터 '최고위원
·중진의원 연석회의'를 만들어 의견을 수렴하고 새정치민주연합도
정례적이지는 않지만 중진의원의 의견을 수렴하는 창구가 있습니다.
그러나 중진의원의 의견은 단순 참고사항이지만 최고위원의 의견은
결정권을 갖는 만큼 분명히 구분할 필요가 있습니다.

대변인의 '레전드'
박희태 vs. 박지원

한국 정당사에서 명대변인으로 박희태 전 국회의장과 박지원 의원을 꼽는 데 주저하는 사람은 없습니다. 노태우 전 대통령 당시 여당 대변인을 맡았던 박희태 전 의장은 느릿느릿한 경상도 사투리에 정곡을 찌르는 조어능력이 탁월했습니다. 3김을 빗대 '정치 9단', 1990년 봄의 정치상황을 '총체적 난국'으로 표현했고, 1996년 총선 이후 야당의 공세에는 '내가 하면 로맨스, 남이 하면 불륜이냐'고 맞받았습니다. 정치권의 수많은 유행어가 그의 입에서 나왔고, 두 차례에 걸쳐 무려 4년 2개월 동안 여당 대변인으로 일했습니다. 박 전 의장은《대변인》이라는 책에서 우리 정치가 살벌해진 것은 대변인의 책임도 크다고 지적했습니다.

여당에 박희태가 있었다면 야당에는 박지원이 있었습니다. 박지원 대변인은 특유의 성실함으로 정보가 많은 대변인으로 유명했습니다. 기자의 질문에 막힘이 없었습니다. 본인 스스로도 기자보다 더 많이 알아야 기자를 상대할 수 있다고 했습니다. 짧지만 핵심을 찌르는 논평도 일품이었습니다. '한나라당인가? 당나라당인가?', '호박에 줄긋는다고 수박되나' 등은 박 대변인의 작품입니다. 야당 최장수 대변인 기록(4년 1개월)도 갖고 있습니다. 지금도 여의도에서는 "언론 상대와 '이슈 파이팅'에는 박지원을 당할 사람이 없다"고 평가할 정도입니다.

이한구

1945년생. 대우경제연구소 사장을 거쳐 16대 국회 한나라당 비례대표 의원으로 정계에 입문했다. 이후 대구 수성구갑에 출마해 17, 18, 19대 의원에 내리 당선됐다. 18대 국회 예결특위 위원장, 한나라당 정책위의장 등을 거쳤고 새누리당 원내대표를 지내면서 2012년 18대 대선을 지휘했다. 후진 양성을 위해 20대 총선 불출마를 선언했다.

원칙 지키면서 양보하는 것이 여당 사는 길

집권 여당 원내대표는 국정운영을 실질적으로 책임지는 자리입니다. 집권 여당 원내대표의 역할을 짧게 설명해 주겠습니까?

제 경험을 얘기하면, 정권 초기 국회운영의 방향을 결정하는 역할을 했습니다. 새 정권 출범 초기 국회운영은 정권의 국정운영 방향을 상징적으로 보여줍니다. 따라서 박근혜 후보 당선 이후 국회가 솔선수범해 쇄신하는 모습을 보이려 했습니다. 그래야 관료사회가 따라오고 교육, 금융, 노동 등 다른 분야에도 변화가 가능합니다. 전두환 전 대통령 재산몰수도 결국 이런 차원이었습니다.

원활한 원내대표직 수행을 위해 의원들의 뜻을 하나로 모으는 것이 말처럼 쉽지 않을 것 같습니다.

저는 비교적 운이 좋았습니다. 19대 총선에서 대통령 후보와 뜻을 같이하는 분들이 국회에 대거 진출했고 그분들과 함께하다 보니 큰 어려움은 없었습니다.

야당과 달리 집권 여당 원내대표가 가져야 할 덕목은 무엇이라고 봅니까?

여야가 팽팽하게 맞대결을 하고 이런 정국이 장기화되면 결국 책임은

172

여당 몫입니다. 그래서 원칙을 지키는 범위에서 야당에 최대한 양보를 해야 합니다. 저 같은 경우 상임위원장 배분에서 국토교통위원회 등 알짜 상임위를 야당에 적지 않게 내줬습니다. 그래서 당내에서 욕도 많이 먹었지만 길게 보면 그것이 여당이 사는 길입니다.

대선을 치른 원내대표였습니다. 더 힘들고 어려운 점이 있지 않았습니까?
선거가 있을 때 원내대표는 사실상 선거 뒷바라지를 다해야 합니다. 특히 국회의 결정 하나하나가 후보의 이미지와 직결되는 만큼 부담이 클 수밖에 없습니다. 그래서 선거에 지면 책임져야 할 1순위가 사무총장, 2순위가 원내대표라고 얘기합니다.

여당 원내대표에게 야당과의 협상은 숙명입니다. 나름대로 협상의 원칙이 있습니까?
옛날에는 야당에게 물질적 혜택이나 이권 등을 주는 뒷거래가 있었습니다. 요즘은 세상이 바뀌어 그런 것은 상상할 수 없습니다. 그래서 원칙 지키면서 협상하는 수밖에 없습니다. 물론 정책적으로는 주고받아야 합니다. 다행인 것은 파트너인 야당 원내대표가 국정운영을 아는 사람이라 원칙에 맞는 이야기는 거부하지 않았습니다. 그게 고마운 점입니다.

당의 중진의원으로서 오랫동안 국회에 몸담았습니다. 하고 싶은 말이 있습니까?
시간이 갈수록 국회의원에 대한 인식이 더 나빠지고 있습니다. 안타깝습니다. 지역의 이익을 챙기고 국민과 밀착하는 것이 국회의원이긴 하지만, 국가운영의 한 축인 헌법기관으로서 지역구가 아닌 국가를 위해 어떤 역할을 해야 하는지 고민해야 할 시점입니다.

박지원

1942년생. 14대 의원으로 정계 입문, 국민회의 대변인과 대통령 공보수석, 문화관광부 장관, 김대중 대통령 비서실장을 지냈다. 국민회의 대변인 당시 명대변인으로 이름을 날렸고 국민의 정부 1차 남북정상회담의 산파 역할을 했다. 이후 전남 목포에서 18, 19대 의원으로 당선돼 민주통합당 최고위원과 원내대표 등을 지냈다.

정치, 투쟁과 협상의 조화

제1야당의 원내대표를 2번이나 했습니다. 의정활동에서 대단한 영광 아닙니까?
학창시절 꿈이 야당 원내총무였습니다. 지금으로 치면 원내대표가 아닐까 합니다. 그렇게 따지면 꿈을 두 번이나 이룬 셈입니다. 그러나 이명박, 박근혜 정부 때 지도부가 수시로 교체되었습니다. 개인적으로는 영광일지 모르지만 당으로 볼 때는 그만큼 위기라는 증거이기도 합니다.

여당 원내대표는 권한이 많지만 야당 원내대표는 권한보다 해야 할 일이 많지 않습니까?
야당은 소수이기 때문에 여야협상에서 숙명적으로 질 수밖에 없습니다. 어찌 보면 국민이 지라고 소수를 만들어주신 것입니다. 그러나 소수인 야당이 승리할 수 있는 유일한 길이 있습니다. 바로 국민과 함께 여론을 만들어서 여당을 움직이는 것입니다. 이런 점에서 야당 원내대표는 물론 특히 당 대표는 투쟁도 협상도 매우 잘해야 합니다.

원내대표로서 수많은 야당의원들의 뜻을 하나로 모아내기가 않았을 것 같습니다.
뜻을 모아내려면 시스템적 차원에서의 소통, 예를 들면 최고위원회

176

의, 정책위 회의, 확대 간부회의, 의원총회 등에서의 토론과 대화가 필수적입니다. 총회와 회의를 여는 것을 두려워하지 않는 원내대표가 되어야 하죠. 또한 의원들 개인과의 인간적인 소통과 대화는 필수적입니다.

야당 원내대표의 최고 덕목은 무엇으로 봅니까?

정부여당의 실정에 대해서는 할 말을 하고 투쟁할 때는 과감하게 투쟁하는 야성이 필요합니다. 여기에 협상하고 양보할 때는 과감하게 해서 야당이 국민에게 감동을 줄 수 있어야 합니다. 이 두 가지를 조화시키기가 참 어렵지만, 이것이 곧 정치라고 생각합니다.

후배 원내대표에게 조언하고 싶은 점이 있습니까?

원내대표 자리는 자신의 의견을 제시하고 결정하는 자리가 아닙니다. 당내 다양한 의견을 하나로 모아서 정부여당과의 협상력, 전투력을 키워서 정책과 비전으로 야당다움을 국민께 보여주어야 하는 자리입니다. 때문에 어떠한 결정이 내려지기까지는 끊임없이 대화하고 소통하고 일단 결정이 내려지면 흔들림 없이, 자신이 모든 것을 책임진다는 각오로 집행해야 합니다. 그래야 야당에게도 성과가 있습니다.

3김 시대 대변인은 총재 다음가는 자리

우리 정당사에서 명대변인 가운데 1명으로 꼽습니다. 대변인 박지원을 스스로 평가 내리린다면 어떤 평가가 가능할까요?

지금도 그렇지만 예전에 대변인은 매우 중요한 존재였습니다. 특히 야당 대변인은 유일한 뉴스 메이커였습니다. 또한 암울한 독재시절에 국민의 가슴을 움직이고, 때로는 국민을 울리고 웃기는 존재였다고 해도 과언이 아니었습니다. 많은 분들이 명대변인 중의 한 명이라고 하지만 당시 맡은 바 직분에 충실했을 뿐입니다.

사석에서 대변인을 하면서 엄청난 정무감각을 길렀다고 말한 적이 있습니다. 구체적으로 대변인의 어떤 점이 정치하는 데 도움이 됐습니까?

대변인은 공식, 비공식 석상에 늘 배석합니다. 토론과정에 참여하고 의견을 개진하기 때문에 어떤 이슈와 현상에 대해 깊이 있는 접근과 내부에서 내린 결론을 가장 정확히 알 수 있습니다. 이를 현실정치 지형에서 언제, 어떻게 발표하고 공표해야 하는가를 매 시간 판단해야 하기 때문에 정무적 감각이 당연히 늘 수밖에 없습니다.

3김 시대 때의 대변인과 현재의 대변인은 역할이 조금 다른 것 같습니다. 어떤 차이가 있습니까?

3김 시대 대변인은 당 총재 다음으로 버금가는 자리였습니다. 총재의 모든 입장과 행동을 전하고 국민께 야당의 입장을 전달하는 거의 유일한 창구였기 때문입니다. 지금은 정치환경과 언론환경들이 또 달라졌지만 이러한 기능은 본질적으로 변하지 않았다고 생각합니다.

명대변인이 되기 위한 최고 덕목은 무엇입니까?

모든 일이 그렇지만 아는 만큼 보이고 보이는 만큼 사랑하게 됩니다. 많이 보고, 듣고, 생각하고 써 봐야 합니다. 대변인 생활이라는 것이 거의 24시간 가까이 자신보다는 언론과 당 지도부를 위해서 일하기 때문에 매우 어렵고 힘들죠. 그러나 즐기면서 해야 합니다. 그래야 대변인으로 장수할 수 있고 당과 국민이 보기에도 편안해 보입니다.

후배 대변인들에게 조언하고 싶은 점을 말씀해 주겠습니까?

대변인은 당의 얼굴입니다. 언론의 집중을 받기 때문에 상대 당을 압도하고 정국의 흐름을 관통하는 촌철살인의 말도 매우 중요합니다. 그렇지만 저는 후배 대변인들에게 자기관리에도 엄격해야 한다고 말하고 싶습니다. 대변인은 누구보다도 건강, 평판, 정책적 능력, 정무감각 등 모든 것을 가져야 합니다. 그러기 위해서는 끊임없이 배우고 생각하고 일을 즐겨야 합니다.

주호영

1960년생. 사법고시 24회로 공직에 입문해 대구지방법원 부장판사를 지냈다. 17대 국회 대구 수성구을에서 한나라당 후보로 출마하면서 정계에 입문했고 같은 지역구에서 3선 고지에 올랐다. 한나라당 원내수석부대표와 이명박 정부 특임장관, 여의도연구소장을 지냈고 새누리당 정책위의장을 맡았다.

정책은 타이밍이다

집권 여당의 정책위의장은 어떤 역할을 합니까?

국가와 국민에게 도움을 줄 수 있는 좋은 정책을 발굴하고 만들어가는 것이 가장 중요한 역할입니다. 또 이런 정책들이 실제로 법제화될 수 있도록 정부와 의견을 조율하는 동시에 야당과도 이해관계를 조정하고 합의를 도출하는 것이 정책위의장의 역할입니다.

청와대와 정부, 당이 같은 정책을 놓고도 의견이 조금씩 다를 수밖에 없습니다. 이때 여당 정책위의장이 의견조율의 역할을 해야 하지 않습니까?

그렇습니다. 정부 각 부처는 자기부처의 입장만 대변하는 경우가 많습니다. 이를 정부가 조정하지 못하면 결국 여당 정책위에서 조정을 해야 합니다. 특히, 정부가 수립하는 정책이 설익은 채 발표되지 않도록 사전협의와 평가를 하는 것도 정책위의 중요 역할입니다. 동시에 정책 수요자인 국민들이 정책을 어떻게 받아들일까 '정무적 판단'을 해야 하는 경우도 있는데 이것 또한 정책위의장의 몫입니다.

정책위의장을 하면서 가장 보람 있었던 법안이나 정책은 어떤 것입니까?

길고 길었던 '세월호 협상'과 후속법안 처리 등을 잘 마무리 지은 것이 가장 보람 있었습니다. 또 12년 만에 2015년도 새해 예산을 헌법에 명시된 법정기한 내에 여야합의로 처리한 점, 공무원연금 개혁을 위해 공무원 노조 등 이해당사자와 협의를 거쳐 야당과 특위를 구성하고 개혁안을 처리하기로 합의한 것도 의미 있는 성과라고 봅니다.

여야가 정책 정당을 표방하는데, 정책위의장의 권한이 더 강화되어야 하지 않습니까?

새누리당 당헌[90조 2항]에 의하면 정책위의장의 권한은 ① 정책위원회의 주재, ② 당 정책의 협의 조정, ③ 당정협의 업무 총괄·조정, ④ 정책위원회 부의장 및 정책조정위원장 및 부위원장, 위원의 추천 등의 4가지 권한을 갖습니다. 이것만 제대로 활용해도 정책정당으로서 기능하는데 전혀 문제가 없습니다. 다만, 이를 적극 활용하느냐에 따라 정책위의장의 권한이 강해 보이기도, 약해 보이기도 합니다.

집권 여당의 정책위의장이 갖춰야 할 최고 덕목은 무엇입니까?

정책에 대한 종합적, 균형적 안목을 갖추는 동시에 조정능력도 함께 가져야 합니다. 동시에 강조하고 싶은 정책은 타이밍이라는 점입니다. 〈도덕경〉에 보면 "약팽소선"若烹小鮮이라는 말이 있는데 '나라를 다스리는 것은 작은 생선을 굽는 것과 같다'는 뜻입니다. 한눈팔면 타고 빨리 뒤집으면 설익는다는 것인데, 적기에 중요한 정책을 내놔야 국민의 삶이 편안해집니다.

3김 시대 때는 주로 절대적 영향력을 가진 3김의 최측근이 사무총장을 맡았다. 공천과 인사, 재정 등 주요 업무를 총괄하면서 당내 최고 요직으로 꼽혔다. 인터뷰를 한 전직 의원은 3김 시대 집권 여당 사무총장을 맡아 정국 운영을 주도했다. 솔직한 인터뷰를 위해 이름을 밝히지 않았다.

사무총장은 VIP 말씀과 돈을 관리하는 자리

집권 여당 사무총장을 지내셨습니다. 3김 시대 여당 사무총장은 엄청난 자리였습니다. 어떻습니까?

지금보다 돈이 많았죠. 대선 잔금도 많았고, VIP가 (엄지손가락을 치켜들며) 정기적으로 불러 당 운영자금을 주기도 했습니다. 당시 정치는 돈이 드는 구조였으니까요. 당연히 사무총장이 VIP 말씀과 돈을 관리하니까 끗발이 있었습니다. (사무)총장이 방으로 의원들을 부르면 VIP 말씀과 함께 격려금을 주는데 누가 오지 않겠습니까?

의원들을 부르면 한 번에 얼마 정도의 격려금을 줍니까?

사람마다 달라요. 3천만 원에서 5천만 원 정도. 주로 설날이나 추석 같은 명절 때는 지역구 의원들이 자금이 필요합니다. 당에서 좀 보태주는 거죠.

왜 정권의 최고 실세라고 불렀는지, 당시 사무총장의 역할을 구체적으로 설명해 주겠습니까?

그때는 대통령이 당 총재를 겸임하던 시기입니다. 대통령의 의중을

186

당에 전달하는 대표적 통로 가운데 하나가 사무총장입니다. 또 사무총장도 시중 여론을 허심탄회하게 VIP께 얘기합니다. VIP를 자주 만나면 그만큼 힘이 실리는 것은 당연하죠. 또 당의 자금도 사무총장이 관리합니다. 공식자금과 대선자금, VIP 하사금, 특별당비 등을 보태서 당을 운영하고 선거가 있으면 아무래도 돈이 엄청나게 드니까 별도로 돈을 마련합니다. 돈과 인사를 쥐면 어느 조직이든 실세가 될 수밖에 없지 않습니까?

요즘은 사무총장의 권한이 많이 축소된다는 느낌을 받습니다. 어떻습니까?
예전에는 YS나 DJ가 당의 전권을 잡았잖아요. 그러니까 사무총장은 YS나 DJ 최측근이 맡았으니까 공식적 권한 외에 비공식적 권한이 막강했죠. 의원들이 총장의 말은 YS나 DJ의 뜻이라고 생각했으니까요. 요즘은 그렇지 않죠. 재량권이 있는 실무책임자 정도입니다. 그래도 사무총장이 마음만 먹으면 얼마든지 당무에 엄청난 영향력을 행사할 것입니다. 요즘도 당 대표의 오른팔이 사무총장으로 임명되니까요.

의원님이 사무총장을 하던 때와 비교해 정치가 많이 깨끗해졌습니다. 어떻습니까?
다행입니다. 우리가 정치하던 때 선거를 하면 나라가 망하겠다는 걱정이 들 정도였습니다. 정치는 끊임없이 발전합니다. 국민들도 정치를 너무 욕하지 말고 그걸 이해해 줬으면 좋겠습니다.

김영우

1967년생. YTN 기자를 거쳐 17대 대선 이명박 후보 참모로 정계에 입문했다. 18대 총선에서 경기도 포천시·연천군에 한나라당 후보로 출마해 당선되며 재선 고지를 밟았다. 새누리당 대변인, 제1사무부총장을 지냈고 19대 국회 외통위 새누리당 간사, 당 수석대변인을 맡고 있다.

브리핑의 결과와 반향 늘 신경 쓰여

수석대변인의 역할은 무엇입니까?

새누리당에는 중앙당 대변인 3명, 원내 대변인도 3명 있습니다. 새누리당 수석대변인은 당 지도부뿐만 아니라 대변인들과 항상 소통하면서 당의 공식입장을 최종적으로 조율하고 대변하는 역할을 합니다. 당 전체와 국정운영의 중요한 이슈의 경우, 당 대표와 수시로 상의해서 논평의 방향을 잡고 다른 대변인들에게 논평의 큰 흐름을 제시합니다.

대변인 브리핑은 당의 공식입장입니다. 어떻게 보면 언론에 전달되는 당의 공식입장을 최종적으로 관리하고 책임지는 자리입니다. 부담스럽거나 애로점은 없습니까?

수석대변인으로서 무거운 책임감을 느끼고 언제나 균형감각을 잃지 않으려고 노력합니다. 언어선택이 잘못되거나 균형감각을 잃으면 정치권 전체의 품위가 떨어지기 때문에 항상 신중하려고 노력합니다. 또 당 대표가 직접 언론에 하기 힘든 언급을 수석대변인으로서 대신할 때도 있습니다. 따라서 메시지의 결과와 반향에 대해서 늘 신경을 쓸 수밖에 없습니다.

대변인을 하기 위해서 각종 현안에 대한 꾸준한 공부가 필요합니다. 어떻게 준비합니까?

대변인은 정치, 경제, 사회문화, 국제문제 등 모든 현안에 대처해야 합니다. 순발력 있는 대처와 적절한 언어구사를 위해 꾸준한 공부뿐만 아니라 다양한 사람들과의 소통과 취재는 필수적입니다. 신문의 칼럼읽기는 필수이고 이슈에 따라 전문가를 섭외해서 전화로 인터뷰도 합니다. 또 국회 입법조사처와 예산처 전문가들에게도 자문을 구합니다.

수석대변인을 하는 것이 지역구에 도움이 됩니까?

지역구인 포천시와 연천군 주민들과의 소통시간이 줄어드는 것이 가장 큰 애로사항입니다. 지역주민과의 소통을 위해서는 제가 더 뛰는 것 외에는 왕도가 없기 때문에 저녁이나 주말에는 항상 지역주민과 함께하려고 합니다. 하지만 방송이나 신문에서 저를 보신 지역주민들의 격려는 큰 힘이 됩니다.

기자 출신 대변인에 이어 수석대변인으로 일합니다. 나름대로 느낀 점이 있습니까?

대변인은 늘 바쁘고 시간에 쫓기는 사람입니다. 기자들에게는 취재원이죠. 여야 대치상황에서는 정쟁의 한가운데서 역할을 해야 합니다. 때로는 상처를 입기도 하고 상처를 입히기도 합니다. 다만 인격적으로 타인에게 상처를 입혀서는 안 된다고 생각합니다. 여야의 경쟁에는 룰이 있고 품위가 있어야 합니다. 대변인은 말을 잘하고 말을 많이 하는 것이 아니라 효과적이고 품위 있게 뜻을 전달해서 정치의 품격을 책임지는 자리입니다. 그래서 대변인의 역할과 이미지는 중요합니다.

국회의원과 공천

당선과 낙선의 갈림길

YS, DJ 리더십 원천

앞서 당 대표의 권한에 대해 말하면서, 3김의 리더십 원천에는 공천권이 있다고 했습니다. 실제로 그랬습니다. YS나 DJ에게 공천을 받아 정계에 입문한 원로 정치인들의 증언을 들어보면, 공천 여부는 물론 지역구 선정과 선거운동 자금, 조직 등을 일일이 YS나 DJ가 챙겼다고 합니다. 의원이 된 뒤에도 다음 공천 여부를 YS나 DJ가 결정하는 것은 물론이구요. 과장해서 표현하면 '의원 배지를 달아준 사람도 YS나 DJ, 의원 배지를 뗄 수 있는 사람도 YS나 DJ'이기 때문에 충성할 수밖에 없다는 겁니다.

실제 한 원로 정치인의 이야기를 들어보죠.

"사실 나는 정치에 뜻은 있었지만 공천신청을 하지도 않았어. 그런데 공천마감 1주일 앞두고 밤 10시쯤에 직접 YS가 전화를 걸어왔어. 그러면서 다짜고짜 함께 정치를 합시다. 지역구는 당신의 고향인 ○○가 좋겠소. 지역구 의원인 △△△는 전국구로 가기로 했으니까 걱정하지 마시오. 지역구 조직은 △△△ 의원이 넘겨 줄 것이고 선거자금은 중앙당에서 대겠소. 함께 큰일 합시다. 이러는 거야. 그래서 다음 날 바로 직장에 사표내고 출마를 준비했지."

또 다른 중진의원의 예를 들어보죠. 공천발표 전날 DJ에게 전화가 걸려왔다고 합니다.

"○○지역구에 출마할 생각이 있소? 당신이 다른 지역구에 공천신청을 한 것은 잘 아는데, 그 지역은 도저히 힘들 것 같소. 대신 ○○지역구에 가면 승산이 있을뿐더러, 내가 직접 지역구로 가서 지원유세를 하겠소."

이래서 다른 지역구로 옮겨 총선에 출마했다고 합니다.

두 정치인의 예를 보면 '의원 배지를 달아준 사람도 YS나 DJ, 배지를 뗄 수 있는 사람도 YS나 DJ'라는 말이 결코 과장된 표현만은 아님을 알 수 있습니다. 지금은 YS나 DJ와 같이 공천에 절대적 영향력을 미칠 수 있는 정치인은 없습니다. 하지만 의원들에게 공천권은 여전히 정치적 생명을 결정짓는 엄청난 권한입니다.

공천 탈락에는 YS나 DJ도 없다

YS나 DJ 리더십의 근간은 공천권에 있다고 말씀드렸는데, 의원의 입장에서는 보면 자신과 정치적 소신이 다르더라도 공천 때문에 YS나 DJ의 뜻을 거역할 수 없다는 뜻이기도 합니다. 반대로 공천에 탈락했다면 어떨까요? 상황은 완전 달라집니다.

DJ의 비서를 했던 한 3선 의원의 예를 들겠습니다. 이 의원의 지역구는 수도권이었고 비교적 호남 정서가 강한 곳이라 '공천 = 당선'이라는 등식이 성립된 곳입니다. DJ를 가장 가까운 거리에서 보좌한 만큼 2번까지는 어렵지 않게 공천을 받았다고 합니다. 문제는 3번째 공천이었습니다. DJ가 인재영입을 위해 중앙부처의 고위공무원 출신 인사를 이 지역구에 공천한 것이죠. 졸지에 공천에서 탈락한 이 의원은 곧바로 DJ 집으로 찾아갔다고 합니다. 만류하는 비서진을 뿌리치고는 직접 DJ를 만나 품에서 양초 3개를 꺼냈다고 합니다. DJ가 깜짝 놀라 무슨 양초냐고 물었더니, 이 의원이 이렇게 답했답니다.

"첫 번째 초는 제 대신 공천받은 ○○○ 관 위에 올릴 초이고, 두 번째 초는 선생님(DJ) 관 위에 올릴 초, 마지막은 제 관 위에 올릴 초입니다."

공천을 주지 않으면 모두 죽이고 자신도 죽겠다는 뜻이죠. 결국 이 공천은 번복되고 해당의원은 3선 고지에 올랐습니다.

3김 시대 공천과 관련한 일화는 한도 끝도 없습니다. 공천에서 탈

국회 의원회관에 게시된 각종 세미나 안내자료.
총선이 다가올수록 의정활동 대부분은 차기 총선의 공천과 당선을 위한 활동으로 봐도 무방하다.

락한 한 의원은 공천심사위원회(이하, 공심위)와 이를 의결하는 최고위
원회에 뱀이 들어있는 자루를 던지는가 하면, 자신의 지지세력을 보내
회의장소를 물리력을 동원해 원천봉쇄하기도 했습니다. 때문에 공천
탈락 의원의 반발을 막기 위해 007작전처럼 회의장소를 수시로 변경하
거나, 회의 자체를 철저히 비밀에 부치기도 했습니다. 공천발표가 끝
난 뒤에는 공천에 관여했던 사람들은 아예 집을 비우고 '잠수'를 타기도
했습니다.

공천에 목매는 이유 … 지역기반의 양당구도

그렇다면 의원들이 여전히 공천에 목숨을 거는 이유는 무엇일까요? 우리 정치가 3김 시대는 물론이고 3김 퇴장 이후에도 영호남을 기반으로 한 양당구도가 여전히 강력하게 자리 잡고 있기 때문입니다. 강력한 양당구도 속에서 무소속 혹은 제3정당 후보가 지역구에서 당선되기는 '하늘에서 별 따기'입니다.

실제로도 3김 퇴장 이후 17대 총선부터 19대 총선까지 무소속이나 제3정당 후보가 지역구에 당선된 사례는 일부에 불과합니다. '친박 공천학살' 파문으로 여권표가 '친박연대'와 '친박성향 무소속후보'에게 대거 분산된 18대 총선을 제외하면 지역구에서 당선될 확률은 5~6% 정도에 불과합니다.

특히 19대 총선결과에서 보듯, 양당구도가 견고해질수록 제3정당

표 3 총선 지역구 의원 당선자

17대 총선		18대 총선		19대 총선	
한나라당	100	한나라당	131	새누리당	127
열린우리당	129	통합민주당	66	민주통합당	106
새천년민주당	5	자유선진당	14	통합진보당	7
자유민주연합	4	친박연대	6	자유선진당	3
민주노동당	2	민주노동당	2	무소속	3
국민통합21	1	창조한국당	1	–	
무소속	2	무소속	25	–	
제3정당 및 무소속 비율	5.7%	제3정당 및 무소속 비율 (친박연대·친박 무소속 제외)	19.5% (6.9%)	제3정당 및 무소속 비율	5.2%

혹은 무소속 후보의 당선확률은 더 떨어집니다. 이런 정치지형이 바뀌지 않는 한 의원들이 공천에 목을 매는 것은 당연하겠죠.

공천 앞에서 한없이 작아지는 의원

상황이 이렇다 보니 총선이 가까워질수록 의원들의 관심은 차기 총선에서 누가 공천권을 행사할 것인가에 쏠릴 수밖에 없습니다. 한두 사람이 전권을 행사하던 과거와 달라진 만큼 신경을 써야 할 곳이 한두 곳이 아닙니다. 현재 당권을 잡은 세력은 물론 차기 당권을 누가 잡을지도 관심입니다. 해당지역의 '힘 있는 의원'과도 관계가 좋아야 하고, 무엇보다 자기 지역구에서 확실한 지지기반을 만들어야 합니다.

때문에 총선이 가까워지면 의원들은 '지역구 챙기기'와 '당내 기반 마련'에 '올인'할 수밖에 없습니다. 적어도 총선을 1년 정도 앞둔 의원들의 말과 행동은 대부분 자신의 공천 및 당선 여부와 관련 있다고 봐도 무방합니다. 19대 국회 한 소장파 초선의원의 하소연은 이런 현실을 정확히 대변합니다.

"총선도 얼마 남지 않았는데 이제는 당내에서 옳은 소리, 싫은 소리
그만해야겠다. 다음 공천권을 누가 잡을지도 모르는데 사람들 눈 밖
에 날 필요가 없다. 대신 지역구에만 매달려야겠다. 누구랑 경선 붙
어도 공천에 문제없게 기반을 마련하는 길이 내가 살 길이다."

정치개혁의 출발, 공천개혁

공천개혁은 정치개혁의 핵심

이처럼 현실정치에서 공천이 차지하는 비중이 큰 만큼, 객관적인 공천 기준을 만드는 것은 정치개혁의 핵심 가운데 핵심입니다. 3김 시대처럼 한두 사람에 의해 공천이 좌우되는 일도 없어야겠지만, 그렇다고 무조건적인 '상향식 공천'에만 의존할 수도 없습니다. 독자 여러분 가운데 일부는 상향식 공천이 공천개혁의 핵심인 것처럼 생각하실 겁니다. 실제 정치권 일부에서도 그렇게 말하는 분들이 많으니까요. 그러나 상향식 공천에는 엄청난 함정이 있습니다.

상향식 공천이 절대선인가?

상향식 공천이란 해당 지역구 당원과 국민들이 자기지역의 공직선거 후보자를 직접 뽑는 것을 말합니다. 당 대표를 비롯한 몇 명이 국회의원 후보를 일방적으로 결정하는 '하향식 공천'이 아니라 지역주민이 후보를 결정한다는 것이죠. 그런데 현실정치는 어떨까요?

예를 들어 정치신인이 경선에서 현역의원을 꺾고 국회의원 후보가 되기 위해서는 적어도 해당지역에서 5~10년 이상은 투자를 해야 할 겁니다. 당원으로 가입해 꾸준히 활동하면서 지역에서 인지도를 높여야 하고, 가능하다면 지방의회에 출마해 의정경험도 쌓아야 합니다. 자신만의 선거조직도 만들어야 합니다. 그래야 현역의원과 경선에서 경쟁할 수 있습니다.

그런데 이렇게 10년 이상 투자할 만한 사람이 과연 우리 주변에서 몇 명이나 되겠습니까? 부양해야 할 가족이 있는 '정상적인 직장인'은 정치 근처에도 갈 수 없습니다. 결국 돈 많고 시간 많은 일부에게만 정치입문의 기회가 주어질 뿐입니다.

'개천에서 용 나는' 구조 막는 상향식 공천

사법고시가 폐지되고 로스쿨 제도가 생긴 뒤, 많은 사람들은 '있는 집' 자식만 로스쿨에 갈 수 있고 변호사가 될 수 있다고 비판합니다. 실제 성인 남성이 군대에 다녀오고 대학을 마치면 20대 후반이 되는데, 그 나이까지 연간 수천만 원의 등록금과 생활비를 댈 수 있는 가정이 대한민국에 얼마나 되겠습니까? 설령 그래서 변호사가 되더라도 특출한 1~2명을 제외하고는 유력 집안의 자재만 유명 로펌에 들어갈 수 있는 것이 현실입니다. 그래서 로스쿨이 여러 장점에도 불구하고 '개천에서 용이 나는' 구조를 막았다고 비판합니다.

정치권도 마찬가지입니다. 완전 상향식 공천을 실시하는 것은 좋지만 뜻있는 많은 인재들이 정치권에 진출할 통로를 막아서는 안 됩니다. 현역의원에 대한 엄격한 검증과 함께 정치신인에 대한 제도적 배려가 필수입니다. 만약 이런 보완이 없다면 상향식 공천은 우리 정당을 기득권 집단으로, 우리 정치를 '그들만의 리그'로 전락시킬 뿐입니다.

(19대 총선 새누리당 공천심사위원 현기환 전 의원 인터뷰 참고)

현기환

1959년생. 우리은행 노조위원장과 한국노총 대외협력본부장을 지냈고 부
산광역시장 경제·노동 특보로도 일했다. 18대 국회 부산 사하구갑에서 한
나라당 후보로 출마해 당선됐고 여의도연구소 부소장 등을 지냈다. 19대 총
선에서는 대선 승리를 위해 총선 불출마를 선언했고 새누리당 공천심사위
원을 맡았다. 현재 '사하경제포럼' 대표를 맡고 있다.

한두 사람이 공천 좌우할 구조 아니다

19대 총선 공심위로 일했습니다. 공심위원은 어떤 역할을 합니까?
다른 공천심사위원(이하, 공심위원)과 함께 총선승리를 위해 어떤 기준으로 공천해야 할지 먼저 정해야 합니다. 표현에 무리가 있을지 모르지만 '국민들에게 내놓는 상품'의 콘셉트부터 잡아야 합니다. 물론 이 기준은 전국적으로 동일할 수도 있고 수도권과 영남권 등 지역에 따라 다를 수도 있습니다. 예를 들어 수도권은 당선 가능성과 개혁성에 무게 중심을 두기로 했다면 이에 적합한 후보를 찾는 일을 하고 추천하는 것이 공심위원의 역할입니다.

예전에는 공천심사가 일부 인사에 의해 좌우됐던 것이 사실입니다. 그러나 요즘은 나름대로 객관적이고 공정한 시스템을 갖춰갑니다. 공천과정을 설명해 줄 수 있을까요?
과거 '3김 시대'에는 핵심인사 몇몇에 의해 공천이 좌우됐는지는 모르지만 지금은 그렇지 않습니다. 만약 소수에 의해 공천이 좌우된다면 어떤 후보자가 이를 용인하겠습니까? 적어도 후보자의 경력, 지역구와 당내 평판, 당 기여도, 여론조사, 면접조사, 상대당 후보와의 비교, 정무적 판단 등 10여 개 이상의 기준을 놓고 10명 이상의 공심위원들이 상호 토론을 합니다. 때문에 설령 1~2명의 공심위원이 특정 후보에 호감이나 반감을 가졌다 하더라도, 그것이 위원회 전체의 결정에 큰 영향을 미칠 수 있는 구조가 아닙니다. 오랫동안 회의를 하다 보면 공심위원 사이에 어느 정도 공감대가 형성되고, 결국 그 사람이 공천을 받는 거죠.

공심위원으로서 후보자가 가져야 할 가장 중요한 덕목은 무엇이라고 봅니까?
선거는 당의 존립기반입니다. 때문에 후보자가 당의 정체성과 이념에 맞고 결정적 흠결이 없다면 당선 가능성을 최우선으로 봐야 합니다. 개인적으로는 후보자가 당선 가능성과 함께 국민들에게 감동을 줄 수 있는 스토리를 가졌다면 금상첨화라고 봅니다.

공천에서 떨어진 후보자들에게 원망을 듣지 않았습니까?
공천은 경쟁자가 있는 게임입니다. 경쟁에서 진 사람에게서 원망을 듣는 것은 어쩔 수 없습니다. 공심위원으로서 안고가야 합니다. 때문에 혹자는 공천을 '배은망덕한 한 사람과 수십, 수백 명의 원수를 만드는 일'이라고 합니다. 떨어진 사람은 공심위원을 원망하고 공천을 받은 사람은 자기가 잘나서 된 줄 안다는 뜻입니다. 하하.

만약 당에서 다시 공심위원을 맡으라면 맡을 생각이 있습니까?
개인적으로 다시 맡고 싶은 마음은 없습니다.

정치의 모든 것

선거

All or Nothing
대통령 선거

현대판 역성혁명

한국 사회에서의 대통령

정당은 정권획득을 목적으로 합니다. 때문에 정권을 놓고 벌이는 대통령 선거는 정당의 존립기반과 직결됩니다. 차기 대통령 후보를 중심으로 끊임없이 정개개편이 일어나고 대선후보를 내지 못하는 정당이 순식간에 사라지는 것도 이 때문입니다. 대선에서 여야가 사생결단식 선거운동을 하는 것도 정당의 속성상 무리는 아닙니다.

　더욱이 우리나라는 강력한 대통령 중심제 국가입니다. 대통령에게 외교 국방은 물론 정치, 경제, 사회, 문화 등의 내치內治 권한까지 주어집니다. 미국의 대통령제와 달리 정부의 예산 편성권까지 정부, 다시 말해 대통령에게 있습니다. 대통령의 권한을 줄이자며 끊임없이 개헌 주장이 나오는 것도 그만큼 대통령의 권한이 막강하기 때문이겠죠. 조선시대 왕까지는 아니더라도 적어도 임기 5년 동안은 절대 권력을 가진 것은 분명합니다. 때문에 대선은 '현대판 역성혁명易姓革命'입니다.

13대 노태우 대통령
(1988~1993)

14대 김영삼 대통령
(1993~1998)

15대 김대중 대통령
(1998~2003)

16대 노무현 대통령
(2003~2008)

17대 이명박 대통령
(2008~2013)

18대 박근혜 대통령
(2013~현재)

1987년 이후 6번의 대통령 선거

1987년 6월 민주항쟁으로 대통령 직선제가 부활합니다. 직선제로 치러진 13대 대선에서는 민주정의당 노태우 후보가 당선됩니다. 민주화 동지였던 김영삼, 김대중 후보가 단일화를 이루지 못했고 김종필 후보까지 출마하면서 유례없는 지역대결 구도로 선거가 치러졌습니다. '3김 시대'라는 표현도 이때부터 등장합니다.

1992년 14대 대선은 5년 단임제로 군부세력이 물러난 이후 민주화 세력 간의 대결로 선거가 치러졌고, 민주자유당 김영삼 후보가 당선됩니다. 김영삼 후보는 군부집권을 종식시키고 문민정부를 출범시켰지만 3당 합당으로 정권을 잡았다는 비판에 직면했습니다. 또 지역구

표 4 1987년 이후 대통령 선거 결과

	13대	14대	15대	16대	17대	18대
연도	1987	1992	1997	2002	2007	2012
당선인	노태우	김영삼	김대중	노무현	이명박	박근혜
득표율	36.6%	42.0%	40.3%	48.9%	48.7%	51.6%

도가 더욱 기승을 부린 선거이기도 했습니다.

1997년 15대 대선에서는 새정치국민회의의 김대중 후보가 승리합니다. 김종필 의원과 연대한 이른바 'DJP 연합'으로 집권에 성공해 한국 헌정사에 처음으로 야당에 의한 수평적 정권교체를 이뤘습니다. 대형 옥외 연설회가 취소되고 방송연설회가 처음으로 실시된 대선이기도 했습니다.

2002년 16대 대선은 노무현 후보의 승리로 막을 내렸습니다. 대선 사상 처음으로 20~30대(노무현 후보지지)와 50~60대(이회창 후보지지)의 세대대결 양상을 보인 것이 특징입니다. 동시에 노 후보가 영남권에서 일정 지지율을 확보한 반면 호남에서는 90%의 득표율을 보여, 지역주의 극복 가능성과 한계를 동시에 보인 선거였습니다.

2007년 17대 대선은 실용주의를 내세운 한나라당 이명박 후보가 승리했습니다. 2위 대통합민주신당 정동영 후보와 500만 표가 넘는 표차가 나면서 1987년 이후 가장 큰 표 차이의 낙승이었습니다. 이명박 후보의 공약이었던 4대강 사업이 대선기간 내내 쟁점이 됐고 지역주의 구도는 여전했습니다.

2012년 18대 대선에서는 새누리당 박근혜 후보가 당선됩니다. 헌정

사상 첫 여성대통령 시대를 여는 동시에 87년 체제 이후 처음으로 과반 득표에 성공한 후보가 됐습니다. 특히, 사실상 여야 단일후보의 맞대결로 대선이 치러져 유례없는 치열한 선거전이 전개됐습니다.

여의도 개도 만 원짜리를 물고 다니던 '3김 대선'

앞서 대선은 '현대판 역성혁명'이라고 말했습니다. 과거 역성혁명에는 대규모 군사와 무기 등이 동원됐다면, '3김 시대' 대선은 엄청난 사람과 자금을 필요로 했습니다. 인력이 필요로 한 점은 예나 지금이나 같다면 과거에는 무기가, 3김 시대에는 돈이 필요했던 셈입니다. 노태우 전 대통령이 집권했던 13대 대선은 말할 것도 없고 14, 15대 대선도 엄청난 돈 선거로 치러졌습니다. YS나 DJ는 대선에 앞서 기업으로부터 천문학적 규모의 선거자금을 조달했다고 알려져 있습니다.

14대 대선을 취재했던 선배기자나 당직자의 증언을 종합해 보죠. 대선이 가까워 오면 당 사무총장이나 재정위원장 혹은 재정국 사무실에 어른 키 높이의 대형금고가 자리를 잡았고, 금고에는 현금과 수표가 빼곡히 채워졌다고 합니다. 수표는 뒷면이 이서된 '헌 수표'가 보통이고 100장 단위로 노란 고무줄을 묶어 한 다발^{천만 원}을 만들고 다발 20개를 박카스 박스에 넣어 2억 원 상자를 만들어 지역구에 내려보냈다고 합니다. 특히 대선기간 지역구마다 수억 원에서 수십억 원의 자금이 내려가기 때문에 주요 당직자들은 지역구에 돈을 실어 나르는 것이 큰 업무 가운데 하나였다는군요. 이 과정에서 사라지는 돈도 상당수였다고 합니다. 때문에 대선을 앞두고 당 사무총장과 재정위원장,

재정국장은 후보의 최측근이 맡았습니다. 아무튼 대선기간 동안 얼마나 많은 돈이 풀렸으면 여의도에 다니는 개도 만 원짜리를 물고 다닌다고 말했을 정도입니다.

그러나 이런 천문학적 규모의 대선자금 동원은 이른바 불법대선자금 수사 이후 크게 바뀌기 시작합니다. 16대 대선이 끝나고 시작된 검찰수사로 수백억 원의 불법대선자금 조성 사실이 밝혀졌고 한나라당은 '차떼기당'이라는 오명을 썼습니다. 당시 여당도 규모만 작았을 뿐 불법자금에서 자유롭지 못했습니다. 이 사건을 계기로 여야 모두 대선에서 대규모 자금동원이 사실상 사라졌습니다.

(불법대선자금 수사 지휘 안대희 전 대법관 인터뷰 참고)

대선을 앞두고 바빠지는 정치

대선 D-1년부터 정치권 '꿈틀'

대규모 자금이 동원된 대선문화는 사라졌지만 대선이 갖는 정치적 의미는 여전히 절대적입니다. 대선을 전후해 우리 정치가 큰 변화를 겪는 것도 이 때문입니다. 실제 13대 대선에서는 YS와 DJ, JP가 모두 창당해 독자적 정치세력화를 이뤘고 14대 대선을 앞두고는 3당 합당이 있었습니다. 15대 대선에 앞서 김대중 후보의 정계복귀와 새정치국민회의의 창당이 있었고, 3김이 퇴장한 16대 대선 직후에도 열린우리당 창당이라는 큰 변화를 겪었습니다. 18대 대선을 앞두고는 한나라당이 새누리당으로 간판을 바꿨죠.

때문에 차기 대선이 다가올수록 정치권의 움직임은 대선과 직접 연관되어 있습니다. 당내 권력투쟁은 한마디로 대선후보 자리를 차지하기 위한 싸움이고 여야 공방은 대선에서 유리한 고지를 점하기 위한 투쟁입니다. 당의 간판이나 조직이 바뀌는 것도 모두 대선승리를 위한 것입니다. 결국 대선을 1년 정도 앞두고 정치권은 사실상 차기대선 구도로 접어든다고 보시면 됩니다.

사람이 아닌 정당 대결의 대선으로

대선을 앞두고 정치권이 요동치는 것은 당연합니다. 그러나 정치 선진국은 우리와 달리 대선을 앞두고 당이 만들어지거나 없어지지는 않습니다. 자기 당의 정체성에 가장 적합한 후보가 선출되고 선거가 치러지며, 선거결과에 졌다고 당이 없어지는 일은 결코 없습니다.

우리 정치는 그렇지 않습니다. 3김 시대가 끝난 이후에도 여권에서는 이회창 전 총재, 이명박 전 대통령, 박근혜 대통령으로 이어지는 사람 중심의 정치풍토가 남아 있습니다. 야권 역시 노무현 전 대통령에 이어 문재인, 박원순, 안철수 등 몇몇 유력 정치인이 여전히 당의 중심에 자리합니다. 이들을 중심으로 당이 대선 때마다 큰 변화를 겪었습니다. 한국정치가 당보다는 사람에 무게 중심이 쏠려 있기 때문이죠.

이런 후진적 풍토는 바뀌어야 합니다. 여야 정당이 국민의 신뢰 속에 자리를 잡고 정당의 정체성에 맞는 후보가 대선에서 맞붙는 것이 정당정치의 발전을 위해 바람직합니다. 그래야 유력 대선후보 중심으로 '떴다방'처럼 정당이 만들어졌다 사라지는 후진적 정치행태가 사라집니다.

요즘 여권 일부 정치인이 차기 대선후보로 반기문 유엔 사무총장을 거론하는데, 이런 행태는 옳지 않습니다. 반기문 총장 스스로 대선출마에 관심을 보인 적이 없고, 정말 대선에 출마할 생각이 있다면 반 총장 스스로 자기정체성에 맞는 정당에 입당해 충분한 검증을 받는 것이 순서입니다. 이런 과정이 생략되면 한국 정치는 사람 중심, 지역 중심이라는 한계를 극복할 기회를 또 놓치게 됩니다.

노태우 전 대통령 회고록으로 본 13, 14대 대선자금
"YS에게 선거자금 3천억 원 만들어줬다"

2011년 발간된 노태우 전 대통령의 회고록에 따르면, 13, 14대 대선자금의 규모를 어느 정도 짐작할 수 있습니다. 노 전 대통령은 먼저 1992년 14대 대선 때 YS 캠프의 선거자금 3천억 원 조성을 도왔다고 주장합니다. 재계를 담당했던 금진호 전 상공부장관과 금융권 출신인 이원조 전 의원을 YS 캠프로 보냈고 두 사람이 먼저 각각 천억 원씩을 조성했다는 겁니다. 이어 대선 막바지에 선거자금이 모자라자, YS가 노 전 대통령에게 다시 자금요청을 했고 금 전 장관을 통해 다시 천억 원을 만들어줬다고 주장합니다. 당시 YS가 노 전 대통령에게 한밤에 전화를 걸어 '이제 살았습니다. 고맙습니다'라는 감사표시까지 했다는 것이 회고록에 실린 내용입니다.

노 전 대통령은 또 자신이 출마했던 1987년 13대 대선 때는 전두환 전 대통령에게서 받은 1,400억 원과 민주정의당이 자체 모금한 5백억 원 등 2천억 원 정도를 선거자금으로 사용했다고 밝혔습니다. 또 자신이 집권한 이후에도 기업인들이 면담을 요청했고 면담 이후 놓고 간 '통치자금'이 상당했다고 적었습니다. 이렇게 만들어진 통치자금은 대선잔금과 함께 총선에 투입됐다는 것이 정치권의 정설입니다.

아무튼 노태우 전 대통령의 일방적 주장이긴 하지만 수천억 원에 이르는 천문학적 규모의 대선자금이 동원된 것은 분명해 보입니다.

안대희

1955년생. 사법고시 17회로 공직에 입문해 대검찰청 중앙수사부장, 서울고등
검찰청 검사장을 거쳐 대법관을 지냈다. 대검 중수부장 시절 불법대선자금 수
사를 지휘, '국민검사'라는 애칭을 얻었고 대법관 퇴임 이후 새누리당 정치쇄신
특별위원장을 맡았고 박근혜 정부 국무총리 후보로 지명되기도 했다.

투명한 정치 위해 한 번은 짚고 갈 문제였다

처음 수사를 시작할 때 대선자금 전반에 대한 수사로 이어질 것이라 예상했습니까?
SK가 100억 원을 대선자금으로 한나라당에게 냈고, 노 대통령(노무현 전 대통령) 당선 후 취임축하 명목으로 측근 최 모 비서관에게 10억여 원을 전달했다는 진술로 시작된 수사였습니다. 당시 SK 그룹 관계자는 '다른 그룹도 거액의 선거자금을 냈으니 SK도 돈을 내는 것이 좋다'는 한나라당 최 모 의원의 말을 듣고 선거자금을 냈다고 진술했습니다. 확인할 필요성이 있었죠. 그리고 당시 수사팀을 포함해 검찰 전체가 정경유착 해결과 정치의 투명화를 위해 반드시 한 번은 짚고 가야 할 문제로 판단했습니다.

살아있는 권력을 향한 수사였기 때문에 많은 어려움이 있었을 것입니다. 어떤 점이 힘들었습니까?
어떤 연유든 당시 청와대와 법무부는 정상적인 지휘를 제외하고 수사에 간섭하거나 개입할 분위기가 아니었습니다. 반면 정당이나 기업의 저항이 많았던 것은 사실입니다. 정치자금의 제공자인 기업의 입장에서는 살아있는 권력에 대한 진술이 매우 힘든 입장이었고, 여당에 대한 수사에도 많은 어려움이 있었습니다. 결국은 채권확보 등의 증거 확보로 이를 극복했습니다. 결국 다른 기업으로의 수사확대와 여당에 대한 증거확보가 실무적으로 가장 어려웠습니다. 또 수사결과에 대해 자신들의 잘못을 호도하기 위하여 정치적으로 해석할 때도 참 힘들었 습니다.

수백억 원에 이르는 대선자금의 실체가 드러났을 때 어떤 느낌이 들었습니까?
감정적인 느낌을 가질 상황은 아니었습니다. 다만 이러한 일이 다시 는 되풀이되지 않기를 바라면서 후진적 정치형태가 개선·극복되어 야 한다고 생각했습니다.

불법대선자금 수사가 우리 정치투명성 제고에 이렇게 큰 역할을 하리라 예상했습니까?
당시 불법대선자금에 대한 진상이 규명되면 제도개선이 뒤따라야 한다 고 생각했습니다. 실제 그 뒤에 많은 개혁이 이루어진 것으로 알고 있 습니다.

지난 대선에서 새누리당 정치쇄신특별위원장을 맡아 대선을 곁에서 지켜봤을 것입니 다. 대선자금 측면에서 여야의 선거운동이 어느 정도 투명했다고 봅니까?
기자들의 말에 따르면 식사를 하자는 정치인들이 별로 없다고 했습니 다. 실제로도 공식적인 선거자금 이외에 특별히 이상한 돈이 흐른다 는 느낌을 전혀 받지 않았습니다. 대선을 오래 취재한 기자들이나 당 직자들 말로도 점점 깨끗한 선거가 되고 있다고 했습니다.

불법대선자금 수사 성공에는 국민들의 성원이 큰 역할을 했습니다. 이에 대해 어떻게 생각하십니까?

수사가 끝난 후 많은 국민들이 수사의 성공을 위하여 기도했다는 말을 하더군요. 그 당시 수사는 정당이나 권력, 기업 모두 바라지 않았습니다. 그러나 수사를 시작하고 성공적으로 마무리한 것은 오로지 국민들의 전폭적인 성원에 힘입은 것이었습니다. 진정으로 감사를 드립니다. 다만 국민들은 항상 역사의 바른 방향에 서있기 때문에 정치권력이나 지도층의 잘못이 있다면 반드시 바로잡힐 것이란 확신이 있었습니다.

의회 권력의 재편
국회의원 선거

국회의원의 상징 금배지

국회의원은 300명

국회의원을 뽑는 선거를 총선거, 줄여서 총선이라고 합니다. 총선 때마다 지역구와 비례대표 의원의 비율은 1~2석씩 차이가 있지만 전체 의원 숫자는 300명으로 정해져 있습니다. 지역구 의원은 여야가 협상을 벌여 숫자를 조금씩 조정하기 때문에 총선마다 차이가 있지만 대개 245석 전후입니다. 따라서 비례대표 의원은 55석 정도가 되는 거죠. 비례대표 의원은 정당 득표율에 따라 배분합니다.

3김 시대 총선은 '돈 싸움'

3김 시대에는 대선과 마찬가지로 총선 역시 엄청난 자금이 동원된 돈 선거였습니다. 제가 직접 경험한 14대 총선의 예를 들어보죠. 개인적 친분이 있는 분이 출마하는 바람에 선거운동에 직접 참여했는데, 총선에서 수십억 원이 든다는 이야기를 직접 경험할 수 있었습니다.

최근 국회의 상징이 한자인 나라 국國을
형상화한 모습에서 '국회'라는 한글을
넣는 형태로 바뀌었다.

구체적으로 설명하죠. 보통 조직선거라고 하면 예전 행정조직에 따라 반까지 조직책^{반책}을 두는 것을 말합니다. 당시 1개 지역구당 보통 1,000개 전후의 반이 있습니다. 보통 '반책'까지 선거자금을 내려 보내는데, 1백만 원 정도가 보통입니다. 이게 공조직에 들어가는 돈인데, 어림잡아 10억 원 정도입니다. 이렇게 2번을 내려 보내면 20억 원이 되죠.

그런데 공조직 외에 각종 직능 단체, 이를테면 택시기사, 미용실, 동네슈퍼 조직 등에게도 돈을 뿌리면 금액은 훨씬 늘어납니다. 14대 총선에서 제가 도왔던 후보는 어림잡아 40~50억 원을 쓴 것으로 기억됩니다.

그런데 재미있는 것은 '배달사고'가 다반사라는 겁니다. 반책에게 100만 원을 내려 보냈다면, 실제 반책이 받는 돈은 50만 원도 되지 않을 겁니다. 중간에서 누군가는 '배달사고'를 낸 것이죠. 후보는 이런 상황을 누구보다 잘 알면서도 단 1표라도 건지기 위해 어쩔 수 없이 돈을 쓰죠.

서서히 자취를 감춘 돈 선거

이런 후진적 구조는 14, 15대 총선을 정점으로 서서히 사라지기 시작했죠. 먼저 〈정치자금법〉과 〈선거법〉 집행이 엄격해지면서 당선되더라도 〈선거법〉 위반으로 의원배지를 떼는 일이 많아졌기 때문입니다.

실제 〈선거법〉 위반으로 의원직을 상실한 사례를 보면, 명예훼손(허위사실 유포), 사전선거 운동, 허위경력 기재 등이 많습니다. 이런 위반에도 100만 원 이상의 벌금형이 나와 배지를 떼야 하는 일이 부지기수입니다. 그런데 만약 돈을 뿌렸다 적발되면 의원직 상실은 당연하고 인신구속도 각오해야 합니다. 몰래하면 된다고요? 상대후보는 눈 뜬 장님입니까?

정치권의 자정노력과 사회적 인식이 변한 것도 금권선거가 사라진 이유 가운데 하나입니다. 우선 공천을 매개로 한 금품수수가 거의 없어졌습니다. 3김 시대처럼 절대적 영향력을 행사하는 사람이 없는데, 누구에게 돈을 주겠습니까? 잘못하다가는 돈만 날리죠.

또 요즘 정치신인들은 선거비용으로 수억 원을 쓰면서까지 국회의원이 되겠다는 생각도 하지 않습니다. 실제 총선 직후 의원들을 만나보면, 정말로 법정 선거비용만 쓰고 당선됐다는 의원들이 상당수입니다.

수도권 초선의원의 이야기입니다.

"옛날처럼 돈쓰는 선거였으면 난 절대 출마하지 않았어. 출마할 수도 없고. 법정비용 이내에서 쓰고 비용을 보전받으면 되니까 출마할 엄두를 냈지. 물론 동료의원 가운데 법정 선거비용 이상을 썼다는 사람도 가끔 있기는 하지. 그러나 돈을 준 사람에게 평생 코가 꿰이는 게 이 바닥 생리야. 언제 어떻게 배신할지 모르는데. 때문에 선거에서 불법자금의 유혹에 절대 빠지면 안 돼."

'같은 듯 다른' 총선

수도권은 바람, 영호남은 지역

돈 선거가 사라지면서 총선 당시 이슈나 정치적 환경이 당락에 가장 큰 영향을 미칩니다. 수도권이 특히 그렇습니다. 실제로 수도권, 특히 서울은 보혁 지지층이 확고한 강남 3구와 강북 일부지역을 제외하고 주요 이슈에 따라 단일 지역구처럼 선거결과가 나왔습니다. 쉽게 말해 강남 3구와 강북 일부는 주요 이슈와 상관없이 지지층의 성향에 따른 결과가 나왔지만 나머지 지역구는 주요 이슈에 따라 여당 혹은 야당이 일방적으로 승리했습니다.

표를 보면, 실제로 서울 지역구 48개 가운데 여야 지지기반이 확고

표 5 서울 지역구 여야 의석 비율

	17대 총선	18대 총선	19대 총선
주요 이슈	대통령 탄핵	도심 재건축·재개발	18대 대선 전초전
새누리당(한나라당)	16	40	16
새정치연합(민주당) 등	32	8	32

한 10여 곳을 제외한 나머지 지역은 특정 정당이 사실상 싹쓸이를 했음을 알 수 있습니다. 흔히 하는 말로 '바람'이 세게 불었죠. 17대 총선에서 대통령 탄핵, 18대 총선 재개발·재건축이 대표적입니다. 때문에 서울에서 지역구를 가진 한 의원은 이렇게 하소연합니다.

> "아무리 지역구를 열심히 뛰어봤자 서울은 바람 불면 추풍낙엽이다. 상대 후보와 지지율 격차 10% 정도는 쉽게 뒤집어진다. 최소 격차가 20% 이상은 돼야 안심인데, 서울에서 상대 후보를 20% 이상 앞서는 후보가 몇 명이나 되겠나?"

반면 영호남은 지역구도에서 벗어나지 못하고 있습니다. 심지어 과거처럼 무소속후보 당선도 쉽지 않아 '공천 = 당선'이라는 등식이 여전히 존재합니다. 하지만 2014년 7·30 재보선에서 전남 순천·곡성의 새누리당 이정현 후보가 처음으로 지역구도의 벽을 허물고 당선이 됐죠. 한국 정치사에서 지역구도가 깨질 수 있다는 가능성을 보여준 호남 유권자들의 의미 있는 선택이었습니다.

다음은 충청입니다. 충청은 전통적으로 역대 대선이나 총선에서 승패를 가르는 '캐스팅 보드'의 역할을 했고 인구도 계속 늘어 중요성이 날로 커집니다. 지금까지 충청의 선거결과를 보면, 어느 한 정당에게 일방적 승리를 안겨주지는 않았습니다. 의석 비율이 6:4 정도로 우세한 정당은 있었습니다. 하지만 일방적 몰표는 없었다는 것이 충청권 선거의 대표적 특징입니다.

당 지도부의 무덤, 국회의원 재보궐 선거

총선이 끝나고 지역구 의원이 〈선거법〉 위반으로 당선무효가 되거나, 사망 등의 이유로 국회의원이 공석이 되면 재보선을 치릅니다. 재보선은 재선거와 보궐선거의 합성어입니다. 재선거는 〈선거법〉 위반 등으로 당선 자체가 무효가 되면서 다시 선거를 치르는 것이고, 보궐선거는 지역구 의원이 숨지거나 의원직을 사퇴하면서 빈자리를 채우는 선거입니다.

국회의원 재보선은 1년에 1~2번 실시되는데, 작게는 지역구 1~2곳, 크게는 10곳 이상에서 선거가 치러집니다. 주목할 점은 재보선 결과가 당 지도부에 미치는 영향입니다. 여야가 승리를 적당히 나눠가지면 문제없지만 어느 한 쪽의 일방적 승리였다면 패배하는 당 지도부에게는 치명타입니다.

대표적인 경우가 2014년 7·30 재보선입니다. 규모도 역대 재보선 사상 가장 컸지만 당초 예상을 깨고 새누리당의 일방적 승리로 막을 내렸습니다. 결국 패배의 책임을 지고 새정치민주연합 김한길, 안철수 공동대표가 사퇴를 했고 비상대책위원회 체제로 당이 운영됐습니다. 결국 재보선은 정권을 흔들 정도는 아니지만 적어도 당 지도부는 흔들 정도의 파급력은 갖고 있습니다.

"차라리 아내가 출마하면 당선될 거야"

대선에서 후보의 배우자가 어떤 이미지를 가졌느냐가 중요하듯, 국회의원 배우자도 선거에서 굉장히 큰 역할을 합니다. 평소 남편을 대신해 행사참석이나 봉사활동 등 지역구 관리를 하는 것은 물론이고 선거에서의 역할도 무시할 수 없습니다. 유명 연예인을 배우자나 자녀로 둔 의원을 보면 쉽게 이해가 가실 겁니다. 이런 특수한 경우를 제외하고라도 배우자를 비롯한 가족의 역할이 매우 중요합니다.

예를 들죠. 서울 강북지역에서 한나라당 후보로 4선 고지에 오른 모 의원은 배우자의 고향이 전라도였습니다. 자신의 고향은 영남이구요. 때문에 배우자가 호남향우회 등을 별도 관리하며 선거에서 큰 효과를 봤습니다. 남편의 약점을 보완한 거죠. 이 의원은 사석에서 "집사람과 내가 선거에서 붙으면 집사람이 당선될 것"이라며 아내의 내조를 인정하기도 했습니다. 또 P모 의원은 아내가 방송사 유명앵커 출신이었는데, 선거기간 내내 동네 목욕탕에서 유권자의 등을 밀어주며 남편 선거운동을 도와 화제가 됐습니다. 심지어 '6공화국의 황태자' 박철언 의원이 '슬롯머신 사건'으로 구속되자, 아내 현경자 씨가 정치탄압을 주장하며 남편 지역구에 출마해 당선된 일도 있었습니다.

반대로 배우자가 정치인의 약점이 되는 경우도 없지 않습니다. 남편 대신 아내가 돈을 받아 남편이 공천에서 탈락한 경우도 있고, 18대 국회의원을 지냈던 모 의원은 부인이 지역구 봉사활동을 하던 중 유권자와 불화를 일으켜 구설수에 오르기도 했습니다. 유력 대선후보 아내 가운데 한 분은 자신과 남편의 이미지가 서로 맞지 않아 공개활동을 자제한다는 얘기도 있습니다. 2014년 서울시장 선거에 나선 정몽준, 서울교육감 선거에 나선 고승덕 후보는 자녀 때문에 곤욕을 치르기도 했죠.

혹자는 이런 현상이 '수신제가치국평천하'修身齊家治國平天下라는 유교적 전통이 우리 사회에 남아 있기 때문으로 분석합니다. 그러나 미국에서도 유명 정치인의 가족문제가 가끔씩 선거쟁점이 되는 걸 보면 꼭 그런 것만은 아닌 것 같습니다.

수도권 의원 vs. 영호남 의원

총선 때마다 잦은 의원 교체가 일어나는 수도권과 '공천 = 당선'이라는 등식이 성립된 영호남 의원 사이에는 눈에 보이지 않는 인식 차이가 상당합니다. 먼저 수도권 의원은 총선 때마다 당을 위해 최전선에서 싸운다는 인식을 갖습니다. 공천보다 본선이 더 어렵기 때문이죠. 따라서 같은 선수라고 하더라도 영남이나 호남 지역구 의원보다 훨씬 값지다는 자부심을 갖습니다. 그럼에도 당의 정책결정이나 당직배분 등에서 새누리당은 영남, 새정치민주연합은 호남이 무게 중심이 있다는 내부 불만이 없지 않습니다.

반면 영호남 의원들은 본선보다 힘든 내부공천 경쟁을 거칩니다. 공천 때마다 '물갈이'란 말이 나오고 대부분 새누리당은 영남, 새정치민주연합은 호남 의원들을 대상으로 하죠. 동시에 누가 뭐래도 영호남은 총선이나 대선 때마다 변함없는 지지를 받는 여야의 텃밭이기도 합니다. 때문에 호남 의원들은 당의 주축이라는 자부심과 함께 수도권 의원들의 '우월감'에 대해 내심 불만을 갖습니다.

이런 인식 차이는 주요 국정현안에 대한 입장에서도 차이가 납니다. 총선이 가까워 오고 국정현안 등에서 정부의 잘못이 드러나면 수도권 의원들은 여야 할 것 없이 강한 비판을 쏟아냅니다. 오히려 여당 의원들이 더 매섭게 정부를 몰아붙이기도 합니다. 왜 일까요? 자신의 선거에서 불리하게 작용하는 일과 거리를 두며 사전에 차단하려는 일종의 선긋기죠. 반면 영호남 의원들은 각자가 정권의 기반이기 때문에 수도권 의원에 비해 호의적 태도를 유지합니다. 당직배분에서도 여야는 영호남과 수도권 의원들을 따로 놓고 지역을 안배하기도 합니다.

정권의 중간평가
지방선거

몸집을 키워가는 지방정치

생각보다 오래된 역사

지방선거는 〈지방자치법〉에 따라 지역주민들이 해당 광역·기초 자치단체의 장長이나 지방의회 의원광역·기초을 뽑는 전국동시지방선거를 말합니다. 1952년 지방의회시·읍·면의회 선거, 1960년에 민선 단체장선거가 있었지만 1961년 5·16 군사정변 이후 중단되었습니다.

그러다 1991년 6월 지방의원선거가 다시 실시되었고, 1995년 6월에는 지방의원뿐만 아니라 자치단체장을 동시에 선출하면서 본격적인 지방자치시대가 열렸습니다. 명칭도 1995년 6월 선거를 제1회 전국동시지방선거로 불렀고, 이후 4년마다 선거가 치러져 지금까지 모두 6번의 지방선거가 치러졌습니다.

(기초·광역의원 출신 새누리당 황영철 의원 인터뷰 참고)

정권의 중간평가, 지방선거

지방선거는 자기가 사는 지역의 광역, 기초단체장과 광역, 기초의원을 뽑는 선거이기 때문에 형식적으로는 중앙정치와 큰 관련이 없습니다. 그러나 정당공천을 받아 전국에서 선거가 치러지는 만큼 항상 다음 총선 혹은 대선의 풍향계 역할을 했습니다. 특히 정권이 출범한 이후 치러지기 때문에 정권의 중간평가 성격이 강합니다. 때문에 역대 지방선거마다 여권은 "우리 고장의 일꾼을 뽑는 선거"라며 중간평가 성격을 애써 축소했고, 야권은 "○○○정권에게 경종을 울려야 한다"며 중간평가를 강하게 부각시켰습니다.

총선은 휘발유, 지방선거는 마중물

그렇다면 총선과 지방선거의 차이는 무엇일까요? 물론 총선은 국회의원을 뽑는 선거이고 지방선거는 지역단체장 등을 뽑는 선거입니다. 그러나 자치단체의 역할이 날로 커지면서 지방선거가 갖는 정치적 의미 또한 커지고 있습니다.

총선과 비교해 예를 들죠. 총선에 쏠린 국민적 관심은 지방선거보다 훨씬 큽니다. 여야 정당이 물러설 수 없는 공방을 벌이고 각 지역구마다 '혈투'가 벌어집니다. 언론도 연일 총선을 톱뉴스로 올리죠. 나라 전체가 총선 열기로 후끈 달아오르지만 선거가 끝나면 언제 그랬냐는 듯이 조용해지는 것이 총선입니다. 선출된 국회의원이 국회로 모이고 국회로 공방이 옮겨가면 국민들의 관심도 봄눈 녹듯 사라집니다.

반면 지방선거는 총선만큼 국민적 관심을 받지는 못합니다. 그러나 선거 이후 파급력은 총선 못지않습니다. 일단 뽑힌 단체장에게 상당한 권한이 있습니다. 인사와 예산, 행정력을 가져 지역주민들에게 미치는 영향이 상당합니다. 특히 다음 선거에 대비해 참모들에게 자리를 줄 수 있습니다. 자리를 맡은 참모들은 다음 지방선거는 물론 사실상 차기 총선과 대선도 준비하죠. 때문에 지방선거 승리의 기쁨은 총선보다 못하지만 나중에 2~3배의 파급력을 발휘합니다. 따라서 총선이 휘발유같이 확 타올랐다 사라지는 선거라면, 지방선거는 마중물 같은 선거입니다.

더 큰 꿈을 꾸는 단체장

대권 후보 반열에 오르는 광역단체장

지방선거의 중요성이 날로 커지는 또 다른 이유는 광역단체장의 정치적 비중이 커졌기 때문입니다. 결정적 계기는 서울시장을 지낸 이명박 후보의 대선 승리입니다. 다른 대선후보에 비해 의회 경험이 일천했지만 서울시장으로서의 성과를 바탕으로 단숨에 대권까지 거머쥔 것이죠. 의회정치의 경험이 전혀 없는 박원순 서울시장이 야권의 유력 대선후보인 것도 서울시장이 갖는 정치적 무게 때문이죠. 집권 여당 대표를 지낸 홍준표 의원이 경남지사에 도전해 재선에 성공한 것도, 만년 소장파였던 남경필 의원이 경기지사가 되면서 정치적 위상이 달라진 것도, 원희룡 전 의원이 제주도지사에 당선되면서 정치적 재기와

이명박 전 대통령의 서울시장 시절 언론 인터뷰 모습.
민선 서울시장으로서의 정치적 위상이 대권승리의 큰 발판이 됐다.

함께 대권후보 반열에 오른 것도 이런 흐름과 무관하지 않습니다. 국민들은 새로운 정치를 원하면서도, 동시에 광역단체장 혹은 국무총리 등을 지내면서 충분히 검증받은 정치인을 원하기 때문입니다.

(3선 의원 출신 원희룡 제주특별자치도지사 인터뷰 참고)

기초단체장의 의회 진출 뚜렷

지방선거가 거듭되면서 기초단체장의 의회 진출도 주목해 볼 만합니다. 기초단체장을 지내면서 행정경험을 쌓는 동시에 지역구에서 탄탄한 조직력을 갖춰, 현역의원을 언제든지 위협할 수 있는 정치세력으로 성장한 것입니다. 때문에 사실상 기초단체장 공천권을 가진 현역의원의 입장에서는 단체장과 항상 긴장과 협력관계를 유지할 수밖에 없습니다. 기초선거 공천폐지 논란 때 현역의원 상당수가 공천폐지에 반대한 것도 기초단체장을 견제할 힘이 사라지기 때문이었습니다.

　반대로 현역의원을 하다가 기초단체장에 도전하는 사례도 심심찮게 찾아볼 수 있습니다. 대표적인 예가 2014년 지방선거에서 한나라당 대표를 지낸 안상수 전 의원이 기초단체장인 창원시장에 당선된 것이죠. 앞서 참여정부 이병완 대통령 비서실장이 기초의회인 광주광역시 서구의회 의원을 지낸 것도 눈길을 끕니다. 정치적 위상으로 보면 엄청난 하향지원이지만 본인의 정치적 소신에 따른 선택인 만큼 존중해야 합니다. 다만, 광역단체장의 위상강화나 기초단체장의 의회진출, 전직 의원의 기초단체장 진출 등은 지방선거의 정치적 비중이 높아짐을 보여주는 사례입니다.

(대표적 기초단체장 이재명 성남시장 인터뷰 참고)

황영철

1965년생. 대학을 졸업하고 곧바로 홍천군의회 의원, 강원도의회 의원을 거쳐 18대 국회 강원도 홍천군·횡성군에서 한나라당 후보로 출마해 당선 됐고 재선 고지를 밟았다. 드물게 기초, 광역, 국회의원을 모두 거쳤다. 새누리당 대변인과 당 대표 비서실장, 19대 국회 안행위 새누리당 간사를 맡았고 보수혁신특별위원으로 일하고 있다.

풀뿌리 민주주의 모델이 되고 싶다

서울대 정치학과를 나온 재원이 홍천군의원을 첫 정치무대로 택했습니다. 이유는 무엇입니까?

기초의원으로 시작해 광역의원, 국회의원으로 발전하는 풀뿌리 민주주의의 모델이 되고 싶었습니다. 졸업을 앞두고 스승인 황수익 교수님께서 '좋은 생각'이라고 격려해 주신 덕분에 과감히 낙향했습니다. 이어 1991년 25살의 나이에 부활한 구·시·군의회의원 선거에 출마해 홍천군의원으로 정치에 입문했습니다.

기초, 광역의원을 하면서 배운 점이 중앙정치 무대에서 얼마나 도움이 되었습니까?

큰 도움이 됐습니다. 사실 초선 국회의원들이 당선되고 행정, 예산, 정책결정, 입법 등 국회의 큰 흐름을 파악하는 데 상당한 시간이 걸립니다. 기초, 광역의원을 지내면서 그런 의사결정 구조와 과정들을 미리 경험했기 때문에 상대적으로 시행착오 없이 국회의원으로서의 역할을 충실히 수행할 수 있었습니다.

최근 기초단체장이나 광역의원 출신 정치인의 의회 진출이 활발합니다. 어떻게 봅니까?

긍정적으로 생각합니다. 선거에서 상향식 공천처럼 정책에서도 상향식 정책결정이라는 측면에서 기초단체장과 광역의원들의 국회 진출은 바람직합니다. 기초단체장이나 광역의원들은 지역밀착형 생활정치를 경험해, 민의가 반영된 민생정치 구현에 큰 강점이 있습니다.

지방자치 발전을 위해 중앙정치가 어떤 역할을 해야 한다고 봅니까?

지방자치 발전은 국정운영의 중요한 축으로 지방자치가 국가발전의 토대가 되고 국가발전이 국민 개개인의 행복으로 이어지는 상생과 선순환 구조가 마련되어야 합니다. 이를 위해서 재정자립이 수반된 실질적인 중앙 사무의 지방 이양이 필요합니다. 이를 통해 지방자치가 발전해나갈 수 있는 기틀을 마련해 주는 것이 중앙정치의 가장 중요한 역할입니다.

원희룡

1964년생. 사법고시 34회로 공직에 입문해 부산지검 검사를 거쳐 서울 양천구
갑에서 16, 17, 18대 의원을 지냈다. 한나라당 사무총장, 최고위원, 쇄신특별위
원장 등 당직을 두루 거쳤고 18대 국회 외교통상통일위원장을 맡기도 했다. 19
대 총선 불출마를 선언한 뒤 2014년 지방선거에서 제주특별자치도지사에 당
선됐다.

제주에서 성공하면 국민들이 큰 권력 맡길 것

대표적 소장파였고 정치 비중도 작지 않습니다. 그런데 총선이 아니라 광역단체장에 출마한 이유는 무엇입니까?

국회의원은 이미 세 번이나 했습니다. 12년의 성과와 한계에 대해서 많이 고민했습니다. 결론적으로 선수 하나 더 쌓는 것은 큰 의미가 없다고 생각했습니다. 그래서 불출마를 선언하고 정치인생 전반을 다시 되돌아보는 여행을 떠났습니다. 그 후 정치개혁운동을 전개하려 했는데, 광역단체장 선거가 진행되면서 갑자기 제주도지사 후보로 거론됐습니다. 정말 많이 망설였지만 당을 위해 출마하라는 압박과 실체적 성과를 만들어볼 수 있는 자리이니 적극 검토해 달라는 지지자들의 설득이 있었습니다. 고민 끝에 어디로 흐를지 모르는 강물에 몸을 맡겼습니다.

요즘 전·현직 의원들이 광역단체장에 출마하고, 또 성공적으로 수행한 분들이 대선 후보로 평가받고 있습니다. 왜 그렇다고 봅니까?

87년 체제가 들어선 후 민주주의를 정착시키기 위해 많은 에너지들이 쓰여졌습니다. 그래서 민주화운동 세대가 정치에 많이 뛰어들 수 있는 조건이 형성되었습니다. 나 또한 그랬습니다. 그런데 이제 세상이 많이 변했고 새로운 비전 제시가 필요해졌습니다. 광역단체장에게는 성과를 낼 수 있는 작은 권력이 주어집니다. 그 권력을 어떻게 운용하는지, 그것을 이용해 무엇을 만드는지 국민이 생생히 지켜보고 있습니다. 성공하면 국민이 더 큰 권력을 맡길 것입니다.

제주도에서의 성공을 바탕으로 대권에 도전할 것으로 보는 사람이 많습니다.
대한민국을 이끌어보겠다는 꿈을 포기한 적은 없습니다. 제주를 변화시키고 대한민국을 바꾸겠습니다. 우선 제주의 발전이 우선입니다. 도지사로서 원희룡의 철학을 보여주겠습니다. 그리고 어떻게 성장과 분배, 개발과 보존이 공존과 상생으로 나아갈 수 있는지 보여주겠습니다. 대권은 그 뒤의 일입니다.

현재 지방행정을 책임지는 사람으로서, 오랫동안 몸담았던 중앙정치에 바라는 점이 있습니까?
제주도지사로 오기 전에 《누가 미친 정치를 지배하는가》라는 책을 썼습니다. 책에서 말한 것처럼 우리 정치는 사회변화의 발목을 잡을 정도로 후진적입니다. 큰 변화와 개혁이 필요합니다. 물론 지금도 각 정당이 혁신위를 만들어 변화를 위해 끊임없이 노력합니다. 그런데 변죽만 울립니다. 핵심적 문제에 접근해 고리를 풀어야 연관된 주요한 문제들이 풀릴 수 있습니다. 용기를 가지고 메스를 들어야 합니다. 저의 정치개혁 대안은 책을 통해 이미 공개한 바 있습니다.

이재명

1964년생. 사법고시 28회에 합격한 뒤 판검사 임용을 마다하고 성남에서 인권
변호사로 줄곧 활동했다. 민주사회를 위한 변호사 모임 국제연대위원과 민주
당 중앙당 부대변인 등을 거쳐 2010년 성남시장에 당선돼 '성남 모라토리엄'을
극복했다. 2014년 재선에 성공했다. 민주통합당 기초자치단체장 협의회 의장
을 지내기도 했다.

지방정부는 중앙정부의 하부기관이 아니다

중앙정치 무대 경험을 거쳐 재선 성남시장이 됐습니다. 우리나라의 대표적 기초단체장
으로서 4년 동안 보람 있었던 점은 무엇입니까?

첫 시장당선 당시 성남시의 재정상황은 엉망이었습니다. 당장 빚을 갚을
방법이 없어 불가피하게 나중에 갚겠다는 모라토리엄을 선언했습니다.
그리고 최소한의 사업만 진행하고 보도블록을 갈아엎는 등의 불필요한
사업을 모두 없앴습니다. 덕분에 모라토리엄을 조기 졸업하며 빚 청산
전문가란 별명도 얻었습니다. 지금은 '어차피 갚지 못하고 받을 생각도
없이' 서류상으로만 남아 있는 서민들의 빚을 탕감하는 프로젝트를 추진
하고 있습니다. 부채에 시달리는 서민들이 제도권으로 복귀, 경제인구
로 환원됨으로써 지역경제의 동력을 높이는 계기가 되기를 기대합니다.

정치적 측면에서 지방선거의 중요성이 날로 커집니다. 현장에서는 어떻게 봅니까?

지방선거의 정치적 의미가 커졌다기보다 그만큼 지방자치의 중요성이
커졌다고 봐야 합니다. 지방자치는 민주주의의 학교입니다. 내가 주인
으로서 내 삶의 질을 높이는 일이 곧 민주주의이며 그 시작은 지방자치입
니다. 지방자치가 더욱 넓고 깊게 퍼지게 하는 것이 민주주의 발전방향

이라는 점에서 지방선거의 중요성이 커지는 것은 바람직한 현상입니다.

기초단체장이나 광역의원을 거쳐 중앙정치 무대로 진출하는 분들이 늘고 있습니다. 이에 대해 어떻게 생각합니까?

이른바 '꼬리를 잡아 몸통을 흔들겠다'는 개인적 신념은 지방자치의 성공으로 중앙정치에 긍정적 변화를 이끌겠다는 뜻입니다. 가능하다고 믿습니다. 그러나 반드시 '큰 무대'로 진출해야 정치적 신념을 관철할 수 있는 것은 아닙니다. 결국, 정치적 신념과 이상을 실현해 달라는 국민요구에 부응할 수 있다면 어느 무대에서 정치를 하느냐는 중요하지 않습니다.

정치인으로서 중앙정치와 지방정치의 차이점은 어떤 것이 있습니까?

중앙정치와 지방정치의 차이는 단위의 크기입니다. 작은 단위의 지방자치가 더 세밀하게 민의를 살필 수 있다는 장점이 있습니다. 또한, 중앙정치와 지방정치의 관계는 상하관계가 아니라 수평적 관계입니다. 따라서 중앙 중심적인 정치구조는 바람직하지 않습니다.

기초단체장으로서 중앙정치에 바라는 어떤 점을 바랍니까?

기초지자체를 중앙정부 또는 광역지자체의 하부기관쯤으로 여기는 사고가 여전히 남아있습니다. 성남시에 협조를 요청한다면서 사실은 정부나 광역지자체가 일방적으로 지시하는 사례가 적지 않습니다. 이래선 안 됩니다. 그런 만큼 중앙정치가 중앙정부의 이런 구태를 바로잡을 의무가 있다고 봅니다.

공존과 결탁의 경계

미디어와 정치

정치권 취재와 보도
어떻게 이뤄지나

아침밥 먹으러 안 와?

3김 시대에는 정치인 집으로 출근

보통 정치부 기자는 원내와 원외, 다시 말해 국회와 정당 등에서 일어나는 여러 일들을 취재하고 보도하는 일을 합니다. 정치부 기자의 취재관행은 시대에 따라 변했습니다.

3김 시대에는 이른바 '아침식사 마와리'로 하루 일과를 시작합니다. '마와리'는 일본어로 사스마와리(경찰서를 돈다는 뜻으로 사회부 경찰기자를 이르는 속칭)에서 유래된 말인데, 매일 아침 기자가 자신이 담당하는 정치인의 집으로 찾아가 아침을 먹는다는 뜻입니다.

보통 아침을 같이 먹으면서 주요 정치현안에 대한 취재와 함께 의견을 교환하죠. 보통 YS 진영을 '상도동', DJ 진영을 '동교동'이라고 부른 것도 매일 아침 기자들이 집으로 찾아가면서 생긴 명칭일 것입니다. 아무튼 식사를 마친 기자는 국회나 정당으로 돌아와 아침식사 자

국회에서 취재 중인 영상촬영 및 사진기자.
국회에서는 취재기자뿐만 아니라 의정활동을 담는 영상과 사진기자 또한 중요한 역할을 한다.

리에서 들은 이야기와 주요 정치일정을 종합해 하루의 정치부 기사를
가늠하고 취재에 나서게 됩니다.

정치부 기자를 동지라고 부르던 시절

아침식사를 매일 같이하는 관행은 3김 시대에서 정치인과 언론관계를
규정하는 대단히 중요한 역할을 했습니다. 식사를 매일 같이한다는
것은 해당 정치인은 물론 가족, 비서진 등과도 상당한 친분관계가 형
성되죠. 이런 친분관계는 주요 의사결정에도 기자들이 참여하는 계기
가 됩니다.

YS나 DJ도 집으로 찾아온 기자들과 아침식사를 하면서 정치현안에

대한 의견을 묻고 이를 반영하기도 했습니다. 이런 과정을 통해 기자가 정치에 입문하는 경우도 있었죠. 때문에 3김 시대 정치인 가운데 상당수는 기자를 '동지'라고 부르는 것도 아침식사 자리에서 형성된 유대감에서 비롯된 것으로 볼 수 있습니다. 3김 시대 정치에 입문했다가 오랜 만에 국회에 복귀한 한 의원이 대뜸 기자를 보자 이러더군요.

"박 기자. 요즘 왜 아침에 밥 먹으러 안 와?"

언론을 중요시했던 YS과 DJ

기자와의 유대감을 가장 강조하던 정치인은 YS였습니다. 때문에 YS와 기자와의 일화는 유달리 많습니다. 선배 정치부 기자에게 들은 이야기 하나를 소개하죠.

하루는 YS가 자신을 담당하는 기자와 저녁식사를 함께 했습니다. 폭탄주가 몇 잔씩 돌고 분위기가 좋아지는데 한 기자가 일찍 집으로 가겠다며 양해를 구하더랍니다. YS가 이유를 물으니 오늘이 아내 생일인데 너무 늦게 들어가면 1년이 피곤하니까 일찍 들어가야 한다고 하더랍니다. 그랬더니 YS가 뜻밖에도 그렇다면 저녁자리에 모인 사람들이 모두 가서 생일축하 파티를 해주겠다고 제안하더랍니다.

이렇게 해서 20여 명이 갑작스럽게 기자의 집으로 갔고, YS는 기자의 아내에게 남편 칭찬을 엄청나게 하면서 큰일을 할 수 있도록 내조를 잘해 달라며 덕담을 했다고 합니다. 당연히 약간의 생일축하 금일봉도 함께 건넸죠. 한마디로 YS가 남편 체면을 단단히 세워줬습니다.

그리고 며칠 뒤, 남편은 YS에 대한 비판적 기사를 작성했다고 합니다. 친분과 기사는 별개인 기자에게는 흔한 일이죠. 그런데 남편이 퇴근하자마자 아내가 YS 비판기사가 실린 신문을 확 집어던지며 화를 내더랍니다. 그리고는 한마디.

"인간아, 양심이 있어야지. 총재님이 집에 왔다간 지 며칠이 됐다고."

YS가 기자뿐만 아니라 아내의 마음도 사로잡은 것이죠. YS뿐만 아닙니다. DJ도 기자들과 토론을 즐겼고 참모로 발탁하기도 했습니다.

(3김 시대 언론인 출신 새정치민주연합 박병석 의원)

정치인과의 유대감이 유착으로

이런 정치인과 기자의 유대감은 장단점이 모두 있었습니다. 특정 정치인의 의중을 명확히 알기 때문에 정확한 기사작성이 가능해지는 장점이 있는 반면, 유대감이 지나치다 보면 객관적이지 못한 기사로 이어지기도 합니다. YS 대통령 시절 '언론계 YS 장학생'이란 말이 나왔던 것도 유대감이 유착으로 변질된 때문이겠죠. 그러나 현재 정치권과 언론의 관계는 3김 시대와는 비교 자체가 힘들 정도로 바뀌었습니다.

'아침식사' 대신 '아침전화'

국회와 정당 출입기자 1천 명 넘어

먼저 '아침식사 마와리'가 없어졌습니다. 국민의 정부 출범 이후 서서히 사리지기 시작해 참여정부 출범과 함께 완전히 자취를 감추었습니다. 정권의 성향에 따라 취재관행이 바뀐 탓도 있지만 그것보다 정치권을 취재하는 언론과 정치부 기자가 너무 많아졌습니다. 예전에는 10여 개 언론사에서 100명 이내의 기자들이 정치권을 취재했습니다. 국회의원 숫자보다 적었기 때문에 이른바 '관리'가 가능했죠.

그러나 지금은 인터넷 매체를 포함해 국회와 정당을 출입하는 언론사가 수백 곳에 이릅니다. 취재기자도 국회에 등록된 인원만 1,400여 명에 육박합니다. 이렇게 많은 기자들이 어떻게 정치인과 아침식사를 함께하겠습니까? 뿐만 아니라 특정 정치인이 특정 언론사와 친분이 깊다는 소문이 나면 다른 언론사에 나쁜 이미지를 주기 때문에 유력 언론사라 하더라도 취재특혜를 받기가 쉽지 않습니다. 완전경쟁 체제라고 보면 크게 틀리지 않습니다.

아침식사 마와리 대신 '전화 마와리'

정치부 국회(정당) 담당 기자들은 여당팀과 야당팀으로 나뉩니다. 여당인 새누리당과 야당인 새정치민주연합을 담당하는 팀이 구분되어 있습니다. 각 팀에는 언론사 규모에 따라 3~8명 정도의 기자가 배속되어 있죠. 요즘 국회담당 기자들은 여당팀과 야당팀으로 나눠 아침

여야의 각종 회의를 기록하는 카메라.
국회의원의 일거수일투족은 어떤 형태로든
모두 기록된다고 보아도 무방하다.

식사 대신 자기가 담당하는 정치인들에게 아침 일찍 거는 전화로 일과를 시작합니다. 언론사마다 차이는 있지만 대개 아침 6시 반에서 9시 사이에 주요 당직자(당 대표, 원내대표, 정책위의장, 사무총장, 원내수석부대표, 대변인 등)에게 전화를 걸어 국회와 정당의 하루 일정을 확인합니다. 사회적 이슈가 되는 특정 현안이 있을 때는 전화를 거는 대상도 늘어나겠죠.

전화취재를 바탕으로 하루 정치부 취재일정을 잡은 다음 9시부터 시작되는 주요 회의(최고위원회의, 원내대책회의, 주요당직자회의 등)을 챙기면서 본격적인 취재가 시작됩니다. 회의와 각종 브리핑, 전화나 대면접촉, 점심식사 등을 통해 취재가 이뤄지고 취재내용을 바탕으로 기사작성이 이뤄집니다. 기사작성과 송고가 끝난 뒤에는 친한 기자들과 삼삼오오 모여 정치인과 저녁을 함께하면서 추가취재가 이뤄집니다. 저녁자리에서 들은 이야기와 아침 일찍 '전화 마와리'에서 들은 이야기를 분석하고 종합해 취재정보로 활용합니다.

국회 기자회견장
정론관의 내부 모습.

말을 가려들어야 하는 정치권 취재

정치부 기자는 수많은 정치인을 만납니다. 정치인들은 기자를 꺼리지 않습니다. 자신의 정치적 입장을 충분히 설명하고 자신과 자신이 속한 정당에 유리한 여론을 조성하기 위해서죠. 그러다 보면 자신의 생각이 정당 전체의 입장인 것처럼 호도하거나, 때로는 사실을 왜곡하는 정치인도 없지 않습니다. 때문에 어떤 말이 진실이고 거짓인지 판단하기 힘든 경우가 참 많습니다. 정부부처를 출입하는 기자, 특히 검찰을 출입하는 기자들은 취재원인 검사들과 만나기 쉽지 않고 만나더라도 수사정보에 대해서는 절대 말하지 않는 것이 보통입니다. 그러나 정치권은 정반대입니다. 때문에 법조팀 기자들은 취재원이 말이 너무 없어 걱정이고 정치부 기자들은 말이 너무 많아 걱정입니다.

결국 법조팀 기자는 검사의 입을 잘 열어야, 정치부 기자는 정치인이 스스로 하는 많은 말 가운데 쓸 말과 버릴 말을 잘 구분해야 유능하다는 소리를 듣습니다.

박병석

1952년생. 중앙일보 홍콩 특파원, 경제부장을 지낸 언론인 출신 정치인. 서울
시 정무부시장으로 정계에 입문해 16대에서 19대 국회까지 대전시 서구갑에
서 내리 4선 고지를 밟았다. 민주당 대변인, 정책위의장과 국회 정무위원장 등
을 거쳐 19대 국회 부의장을 맡기도 했다.

언론이 정치를 하려고 하면 안 된다

〈중앙일보〉에서 오랫동안 기자생활을 했습니다. 예전에는 담당 정치인의 집으로 출근해서 아침식사를 함께하는 것으로 취재를 시작했습니다. 아침식사에서는 어떤 얘기가 오갔습니까?

대개는 정치실세라는 분들과 아침밥을 먹는 것이 관행이었습니다. 아침이 되면 마크맨^{담당기자}이 각 당의 핵심인사 3사람 정도의 집으로 찾아갔습니다. 아침 먹으면서 들은 얘기를 기사로 쓰기도 하죠. 그러다 국민의 정부가 출범하고 조세형 전 의원이 집에서 기자들을 만나지 않고 설렁탕집에서 아침을 먹으면서 집으로 찾아가는 '아침(식사) 마와리'가 없어진 것 같습니다. 이회창 전 총재도 집으로 기자들을 부르지 않았던 것 같습니다. 전반적으로 정치권 문화가 바뀌면서 아침을 먹는 관행도 사라졌을 것으로 봅니다.

당시 아침식사를 함께하면서 정치인과 상당한 유대감이 생길 것 같습니다. 장단점은 무엇입니까?

서로 속내 깊은 이야기를 할 수 있어서 기자의 입장에선 깊이 있는 취재가 가능한 장점이 있습니다. 반면 극히 일부이긴 하지만 기자의 본분을 벗어나는 경우도 있었습니다. 취재내용을 회사에 알리지 않고 특정 정치인에게 흘려주는 경우입니다.

요즘은 예전 정치부 기자들이 취재할 때와 환경이 많이 달라졌습니다. 어떻게 봅니까?
정치권을 취재하는 매체나 기자 수가 늘었습니다. 국회 출입기자가 천 명이 넘는 것 같습니다. 때문에 경쟁이 과열되다 보니 기자들과 깊이 있는 대화가 힘들어집니다. 서로 신뢰를 갖고 할 수 있는 이야기가 점점 줄어듭니다. 또 기자들도 가끔 직접 보고 들은 이야기가 아니라 다른 사람의 이야기를 전해 듣고 기사를 쓰기도 합니다. 그러다 보면 정치인과 기자가 서로 신뢰하지 못하게 되면서 독자들이나 시청자들에게 양질의 기사를 제공할 수 없게 됩니다. 그 점이 안타깝습니다.

김대중 전 대통령, 김종필 전 총재 등이 모두 박 의원을 눈여겨보고 정치입문을 권유한 것으로 압니다. 어떻게 정치입문을 권유받았습니까?
15대 총선을 앞두고 DJ가 수도권 출마를 권유했습니다. 모든 것을 당에서 알아서 할 테니 몸만 오라고 했습니다. 아마 1990년 초반에 DJ와 러시아 출장을 함께 간 적이 있는데 그때 저를 주의 깊게 본 것 같습니다. JP는 더 적극적이었습니다. 대전에 6개 지구당이 있었는데 3개 지구당 가운데 하나를 고르라고 했습니다. 당선 이후에는 대변인을 맡아달라고 제안했습니다. 하지만 당시는 일생일업一生一業, 평생 한 가지 직업만 갖기를 원했습니다. 그래서 모두 거절했습니다. 이후 기자생활을 그만두고 방랑생활을 3~4년 정도 하다가 결국 정치권에 발을 들여놓았습니다.

기자 출신 정치인으로서, 정치와 언론의 바람직한 관계는 무엇이라고 봅니까?
언론은 언론다워야 합니다. 언론이 정치를 하려고 하면 안 됩니다. 언론이 제대로 된 역할을 하지 않고 정치를 하려고 하면, 실체적 진실과 국민의 판단 사이에 괴리감이 생깁니다. 정치인도 언론을 이용하려고 하면 안 됩니다. 어떤 정치인들은 정치적 목적을 갖고 언론에 자기가 하고 싶은 말만 합니다. 심지어 대변인조차 그런 경우가 있습니다. 이렇게 되면 언론도 정치도 모두 발전할 수 없고 피해는 국민들에게 돌아갑니다.

언론이 만들어낸
정치인의 허상

정치인의 이미지, 어디까지 진실인가?

자신의 부고 빼고 무조건 언론 대환영

원로 정치인들이 입버릇처럼 하는 말이 있습니다.

"내가 죽었다는 부고_{訃告} 외에는 무조건 언론에 자주 나와야 한다."

후배 정치인이 언론에 비판기사가 났다고 하면 이렇게 위로합니다.

"기사의 비판내용은 언젠가 기억에서 사라지고 결국 당신 인지도만
높아질 거야. 비판기사도 즐길 줄 알아야 큰 정치인이 될 수 있어."

요즘은 정치기사를 다루는 언론이 워낙 많아져 희소성이 떨어지긴 했
지만 기본적으로 정치인이 언론에 노출되기를 원하는 경향은 여전합
니다. 왜 그럴까요? 서울에 지역구를 둔 초선의원의 고백은 이런 이유

를 명쾌히 설명합니다.

"사실 상임위 활동을 참 열심히 했어요. 남들이 보지 않더라도 법안심
사소위나 상임위에 모두 출석하고 법안 검토도 꼼꼼하게 했죠. 당의
일도 초선의원이니만큼 힘든 일 마다하지 않고 열심히 했습니다. 그
런데 지역구에 가면 유권자들이 요즘 뭐하냐고 자꾸 물어요. 그런데
언론에 몇 번 나가고 났더니 지역구민들이 요즘 열심히 한다고 칭찬
을 합니다. 솔직히 그 이후로는 언론 노출에 신경을 씁니다."

국정감사를 앞둔 한 보좌관의 이야기도 옮겨보죠.

"요즘 우리 의원이 언론에 전혀 나오지 않는다고 불평입니다. 이번
국정감사에서 굵직한 것 하나 터트려서 주요 언론에 얼굴이 좀 나와
야 해요. 안 그러면 나 잘릴지도 몰라. 심각해요."

국회에서 각종 청문회나 상임위가 열리면 많은 언론이 취재를 하죠.
여야가 치열한 공방을 벌이기도 하고 자신의 정치적 주장을 알리기 위
해 서로 발언권을 얻으려고 노력하죠. 그러나 저녁쯤 방송사 카메라
나 사진기자, 취재기자들이 모두 사라진 다음 청문회나 상임위 풍경
은 쓸쓸하기 그지 않습니다. 확실히 긴장감이 떨어집니다. 질문은 하
는 의원이나 대답하는 공직 후보자 또는 정부 부처 장·차관들도 태도
가 느슨해지기 마련입니다. 언론이 보지 않는 청문회에서의 활동이
무슨 소용이 있냐는 거죠.

언론에 비친 모습이 실제 모습일까?

정치인이 언론에 노출되고 싶은 이유는 인지도를 높이는 동시에 자신에게 유리한 정치적 이미지나 환경을 만들고 싶기 때문입니다. 그렇다면 언론에 비친 모습과 실제 정치인의 모습은 같을까요? 결론부터 말씀드리면 같을 수도 있고 다를 수도 있지만 다른 사람이 상당수입니다.

K의원은 현역 시절 깨끗한 이미지로 대중적 인기를 모았습니다. 심지어 광고 모델로 활동했을 정도니까요. 그런데 이 정치인은 상임위나 주요 회의 때 거의 발언하지 않았다고 합니다. 그러다 방송사 카메라만 들어오면 발언을 자청하거나 장관을 호통 치는 모습을 보여 동료의원들로부터 빈축을 샀다고 합니다.

원로 의원 P씨도 현역 시절 언론 앞에서 큰 소리 치기를 좋아했습니다. 한 번은 국회 예결특위 회의장에 출석했다가 돌아가는 국무총리를 국회 본관 앞까지 따라가서 차문까지 열어주며 깍듯하게 영접하더랍니다. 지역구 사업을 부탁하기 위해서죠. 그런데 총리가 출발하고 예결특위 회의장으로 돌아오자마자 기자들 앞에서 이렇게 큰 소리를 치더랍니다.

"아니, 총리 어디 갔어? 총리가 예결특위 회의장을 지키지도 않고
자리를 뜨고. 이게 말이 돼?"

언론의 생리를 누구보다 잘 알고 언론을 이용한 대표적 정치인들이

죠. 결과적으로 이 두 분은 언론에 비친 이미지와 실제 모습은 사뭇 달랐다고 볼 수 있겠죠.

반대도 있습니다. 언론에 별로 노출되지도 않고 이미지도 그리 좋지 않지만 실제 의정활동은 대단히 우수하고 동료 의원들로부터 인정받는 정치인도 상당합니다. 이런 정치인들은 대개 여론조사 등에서 '기자가 뽑은 대선 후보', '기자가 뽑은 우수 정치인' 등에서 상당히 높은 순위를 차지하거나, '동료 의원들이 선정한 우수 의원'에 선정되는 경우가 많죠. 특정인을 거론하기 힘들지만 관심 갖고 찾아보시면 알 수 있습니다.

언론을 교묘히 이용하는 정치 9단

언론의 중요성을 아는 정치인 가운데는 언론을 교묘히 이용하는 정치 9단들도 있습니다. 앞서 언급한 것처럼 회의장에 방송사 카메라만 들어오면 목소리를 높였다는 원로 정치인도 그 가운데 한 분이겠죠.

제가 직접 겪은 예를 들죠. 지난 18대 국회 대정부질문 때의 일입니다. 당시 '글로벌 금융위기'로 우리 경제가 상당한 위기에 처해있었고 당연히 경제분야 대정부질문에는 언론의 관심이 집중됐죠. 그런데 한 여당의원은 자신에게 주어진 발언시간 20여 분 가운데 무려 18분을 자신의 지역구 현안에 대해서만 언급하는 겁니다. 경제분야와도 전혀 관련 없고, 말 그대로 지역구 민원사업을 총리와 장관을 불러놓고 왜 해결해 주지 않느냐고 질책하는 겁니다. 그래서 비판적인 기사를 내보냈죠. 그런데 해당의원의 반응은 예상 밖이었습니다.

국회 출입기자들의 '받아치기' 모습.
국회 초보기자들은 각종 회의에서
당직자의 발언을 받아치는 일부터 배운다.
기침소리까지 자동적으로 받아치는
경지(?)가 되면 '받아치기'를
졸업할 수 있다.

"박 기자 고마워. 지역주민들이 엄청나게 사무실로 전화를 하네. 우리 의원이 언론에서 욕을 먹어가면서도 지역현안을 열심히 챙긴다고. 나중에 밥 한번 살게. 진짜 고마워."

요즘 말로 표현하면 "헐~"입니다.

극히 일부이긴 하지만 '죄질이 나쁜' 정치인도 있습니다. 정치인과 기자들과의 저녁밥 자리에서는 술이 동반되는 경우가 많죠. 그러다 보면 속내 얘기를 하게 되는데, 이때 자신에게 유리한 정치적 환경을 만들기 위해 잘못된 정보를 흘리는 의원도 더러 있습니다. 사실을 왜곡했더라도, 자신을 돋보이게 하려는 이른바 '자뻑'이라면 용납이 가능합니다. 하지만 남을 의도적으로 깎아내리기 위해 거짓말을 한다면 문제가 심각합니다. 특정 기업과의 유착설이나 스캔들, 가족관계, 검찰내사 등 내용도 다양합니다. 주로 정치적 경쟁자를 대상으로 한 소문이죠. 이런 이야기를 하면 경험이 부족한 기자들은 의원이 하는 말이니 사실인 줄 믿게 되고, 나아가 정치권 주변에 급속도로 퍼집니다. 그러나 대부분 사실이 아닙니다.

('국회의원이 보는 언론인' 새누리당 민현주 원내대변인 인터뷰 참고)

민현주

1969년생. 미국 코넬대에서 사회학 박사학위를 받은 뒤 한국여성정책연구원 연구위원, 경기대 교수로 일하다 19대 국회 새누리당 비례대표 의원으로 정계에 입문했다. 18대 대선 박근혜 후보 여성특보, 새누리당 대변인, 19대 국회 보건위원 등을 지냈고 당 보수혁신특별위원회 위원으로 일하고 있다. 현재 새누리당 원내대변인도 맡고 있다.

바닥 민심 듣는 데 기자만 한 통로도 없다

대변인으로서 수많은 기자와 접촉했습니다. 정치권의 취재현장을 직접 본 느낌은 어떻습니까?

취재현장의 치열함에 비해 정치기사가 국민의 관심을 받지 못하는 경우가 있습니다. 정치권의 이슈가 국민 관심과 동떨어져 있기 때문일 것입니다. 이런 괴리감으로 인해 현장에서 고생하는 언론인이 일에 대한 보람이 제대로 느끼지 못할까 안쓰러울 때가 많았습니다.

기자들과 만나면서 나누는 의견이 실제 의정활동에 도움이 됩니까?

정치부 기자들도 다양한 배경과 정치적 성향을 가집니다. 따라서 특정 언론사나 특정 인맥으로 분류되는 언론인을 중심으로 소통할 것이 아니라, 폭넓게 언론과 접촉하면 다양한 바닥 민심을 듣는 데 그만한 통로도 없습니다. 다만 정치인이 언론을 자기 목소리를 내는 통로로만 이용하거나 언론도 정치를 조작할 수 있다는 구태의연한 태도만 지양하다면 정치인과 언론의 교류는 다다익선입니다.

정치인의 입장에서 본 훌륭한 정치부 기자와 그렇지 못한 기자는 어떤 기자일까요?

훌륭한 정치부 기자는 가감 없이 국민여론을 전달하는 기자입니다. 개인 가치관으로 국민여론을 재단하지 않고 사실 그대로 전달하는 기자가 최고입니다. 나아가 특정 정당이나 정치인의 이해관계를 대변하지 않고 국가와 사회공동체의 번영을 추구한다면 금상첨화입니다. 반대로 특정 정당이나 특정 계파의 이익을 대변하는 기자는 나쁜 기자입니다.

정치인과 언론과의 바람직한 관계는 어떠해야 한다고 봅니까?

우리 정치권은 정치인과 기자가 인간적 관계를 돈독히 할 기회가 유독 많습니다. 그런데 기자가 개인적 이해나 자기가 속한 언론사의 입장을 대변하기 위해 정치인과 관계를 이용하면 결코 안 됩니다. 대단히 잘못된 일입니다. 반대로 정치인도 언론을 자신의 입맛대로 움직이려고 하면 안 됩니다. 어려운 일이겠지만 정치권과 언론이 사회공동체의 발전을 위해 공식적이고 공개적인 선순환 구조를 만드는 것이 중요합니다.

정보홍수 시대의
정치기사

문제를 알아야 기사가 보인다

3김 시대 정보독점이 문제

앞서 말한 것처럼 정치인은 끊임없이 언론을 활용하고 언론 또한 주요 취재원인 정치인을 멀리할 수 없습니다. 그러다 자칫 잘못하면 정치인과 언론이 부적절한 관계로 변질될 수 있습니다. 3김 시대에는 정치권을 출입하는 언론사도 10여 곳에 불과하고 기자도 많지 않아 이른바 '담합'이 가능했습니다. 특정 사안을 기자들 스스로 보도하지 않기로 결탁하는 것이죠.

　예를 들어 어떤 정치인이 공식 석상에서 말실수를 했다고 칩시다. 그러나 내용이 과하지 않고 단순 실수라고 스스로 판단하고 서로 담합을 해서 보도를 하지 않는 거죠. 기자 수가 적으니 담합이 가능했죠. 정치권의 정보를 일부 언론이 독점하는 데서 비롯된 잘못된 관행이었습니다.

그럼 요즘은 어떨까요? 이런 담합은 사실상 불가능합니다. 심지어 사적인 자리에서 한 이야기도 기사화되는 마당에 공식 석상에서의 말실수가 어떻게 기사화되지 않겠습니까? 내가 보도하지 않는다고 해서 다른 기자가 보도하지 않을 리가 없습니다. 때문에 담합 자체가 원천적으로 불가능합니다.

문제는 확인도 않고 쓰는 기사

그런데 지금의 언론상황이 반드시 긍정적인 것은 아닙니다. 일부 언론의 정보독점은 사라졌지만 불확실한 일방적 주장이 '기사'라는 양식을 빌려 독자나 시청자들에게 무차별적으로 '살포'되는 경우가 적지 않기 때문입니다. 일부 군소 인터넷 언론의 경우 3~4명의 기자가 하루에 몇십 건의 기사를 작성합니다. 이렇게 기사를 쏟아내면 기사가 충실해질 리 없습니다. 기사가 부실한 것까지는 참을 수 있는데, 기본적 사실관계가 틀린 기사도 있습니다. 또 대개 이런 기사는 제목이 선정적입니다. 그래서 각종 인터넷 포털이나 모바일에서 독자들의 눈길을 사로잡죠. 그러나 잘못된 기사로 인한 책임은 아무도 지지 않습니다. 독자들만 피해를 보죠.

더 큰 문제는 일부 언론이 자신들의 정치적 목적 달성을 위해 '교묘한 사실 *fact* 비틀기'를 일삼는다는 데 있습니다. 정치인의 발언에서 전후 문맥은 떼어내고 자신의 입맛에만 맞는 부분만 발췌해 비판 혹은 칭찬 기사를 쓰는 겁니다. 사실왜곡만큼이나 큰 문제입니다.

극히 일부 인터넷 언론만 문제는 아닙니다. 기존의 주류 언론 역시 종합편성채널 출범 이후, 시청자들의 눈길을 끌기 위해 기사의 정확성보다는 재미에 초점을 맞추는 경향이 나타납니다. 특히, 선거가 다가올수록 이런 경향이 두드러지죠. 시청률 지상주의가 불러온 폐해입니다.

따지고 보면 언론의 선정성은 우리나라만의 문제는 아닙니다. 그러나 외국과 우리 언론의 가장 큰 차이는 책임의 문제입니다. 외국의 경우 한 언론이 잘못된 기사로 특정 정치인의 명예를 훼손했다면 그 언론사는 재판에 따라 엄청난 비용을 배상해야 합니다. 아예 언론사가 문을 닫는 경우도 부지기수입니다. 그러나 우리 정치권에서는 잘못된 기사로 언론사가 문을 닫기는커녕, 실제로 손해배상을 했다는 얘기는 가물에 콩 나듯 듣습니다. 언론이 표현의 자유를 보장받으려면 그에 따른 책임도 함께 져야 합니다. 책임 없이 권한만 있는 조직은 반드시 부패합니다.

정치기사, 어떻게 읽어야 하나

사실과 추측을 구분하라

사실 *fact*과 추측을 구분하지 못하는 독자는 선정적 언론의 먹잇감이 되고 맙니다. 정치부 기사는 더더욱 그렇습니다. 사실취재 *fact finding*가 풍부한 기사는 힘이 있습니다. 예를 들어 A라는 정치인이 탈당할 것이라는 기사가 있다고 가정하죠. 사실에 충실한 기사는 A라는 정치

주요 일간지에서 정치기사의 비중이 줄었다고는 하지만 여전히 정치기사가 신문의 1면을 장식할 때가 많다.

인의 최근 발언과 행적, 주변상황은 물론 본인의 멘트까지 완벽하게 반영되어 있습니다.

그러나 추측기사는 A의 발언과 행적에 대한 취재는 빈약하고 자신의 해석만 잔뜩 실려 있을 겁니다. 실제 펜을 들고 줄을 그으면서 정치면 기사를 한번 읽어보십시오. 기사 마지막에 '전해졌다, 알려졌다, 보인다'로 끝나는 문장을 빼고 '확인됐다'로 끝나는 문장이 몇 개나 되는지. 또 사실에 근거한 해석에 논리적 비약은 없는지 꼼꼼히 살펴보십시오. 훌륭한 기사는 사실이 많고, 사실이 많으면 해석 없이도 기사에 힘이 있습니다.

이런 정치인은 곤란합니다

주요 당직(당 대표나 원내대표 등)을 맡는 정치인은 아무래도 언론에 노출될 가능성이 그만큼 큽니다. 주요 당직자의 말 한마디가 뉴스이기 때문이죠. 또 주요 당직자는 아니더라도 제법 언론에 오르내리는 정치인도 많습니다. 그것이 좋은 기사든 아니든 TV나 신문에 자주 나오면 이름 석 자가 귀에 익숙하기 마련이죠.

그런데 귀에 익숙하다고 모두 좋은 정치인은 아닙니다. 정치부 기자를 하면서 언론에 자주 나더라도 이런 정치인은 정치발전을 위해 사라졌으면 좋겠다는 생각을 합니다.

우선, 거짓말하는 정치인입니다. 극단적으로 표현하면 정치는 말입니다. 말로 자신의 의견을 피력하고 상대와 논쟁하며 타협합니다. 따라서 정치인에게 말은 제빵업자에게 밀가루와 같습니다. 밀가루가 잘못되면 좋은 빵이 나올 수 없듯, 거짓말하는 정치인에게 좋은 정치를 기대할 수는 없습니다.

두 번째, 세대와 계층 갈등을 유발하는 정치인입니다. 우리나라는 남북으로 갈려있고 동서 지역감정도 여전합니다. 이런 상황에서 자신의 정치적 목적 달성을 위해 세대와 계층 갈등까지 부추기는 일부 정치인이 있습니다. 이들은 대부분 자기 당 내부의 지지기반 확보를 위해 이런 갈등을 조장하죠. 그러나 정치인으로서는 절대 해서 안 될 일입니다. 잘 살펴보십시오. 국가정체성을 강조한다는 핑계하에 정부에 비판적인 세력을 '좌파·종북 세력'으로 매도하는 정치인은 없는지, 개혁을 강조하면서 자신만 깨끗하다는 듯이 상대 당이나 기성세

272

국회 본회의장 앞 중앙홀.
양옆으로 제헌의회 의장을 지낸 해공 신익희 선생(왼쪽)과 이승만 전 대통령(오른쪽)의 동상이 세워져 있다.

대를 '보수 꼴통'으로 매도하지는 않는지.

마지막으로 정치적 이념이나 지향점은 존중되어야 하지만 이 때문에 다른 정치인과 타협할 줄 모르는 정치인도 안 됩니다. 의회 민주주의의 본질은 토론과 협상입니다. 협상은 자신의 주장만 관철시키는 것이 아닙니다. 그렇다고 불의나 부패와 타협하라는 뜻은 아닙니다. 서로의 주장이 합리성을 지녔다면 한 발 물러설 줄도 알아야 합니다. 타협할 줄 모르는 사람은 국회로 오지 말고 아스팔트로 나가야 합니다.

이야기를 마치며

정치가 국민에게 욕먹는 이유는 간단합니다. 정치가 제 역할을 하지 못하고 오히려 국민의 삶을 힘들게 하니까 그렇습니다. 그렇다고 정치를 '버린 자식' 취급할 수는 없습니다. 그러기에는 우리 사회에서 정치의 역할이 아주 크고, 알게 모르게 내 삶과도 매우 밀접한 관련이 있습니다.

그럼 정치가 어떻게 해야 국민의 신뢰를 얻을 수 있을까요? 먼저 정치가 국민의 상식과 눈높이를 맞추면 됩니다. 국민은 먹고살기 힘들어 관심도 없는데, 당리당략이나 정파적 이익 때문에 사생결단식 공방은 하지 말아야 합니다. 국민의 눈으로 보면 해답이 '뻔한' 사안을 놓고 계파이익, 선거에 미칠 유·불리, 개인이익 등을 놓고 결정을 주저주저해서는 안 됩니다. 물론 정치도 국민 상식, 국민 눈높이를 맞추겠다고 입버릇처럼 말하죠. 그러나 여야 협상 때만 되면 눈높이를 맞추겠다던 국민 가운데서 '한 줌도 안 되는 자기 당 골수 지지자'의 눈만 바라봐서 문제죠.

두 번째, 정치인이 '권력'이 아니라 '희생과 봉사'의 아이콘으로 변해야 합니다. 국회의원 특권 내려놓기에 왜 국민들이 지지를 보낼까요? 의원이 권력을 가져서가 아니라 그 권력을 국민을 위해 쓰지 않아서 아닐까요? 정치인이 희생과 봉사하는 자리이고 국민께 봉사하기 위해 권한을 사용한다면 어느 국민이 권한을 내려놓으라고 할까요? 쓸데없이 특권을 내려놓겠다고 호들갑을 떨지 말고 국민이 부여한 권한을 자신이나 자기 당이 아니라 국가와 국민을 위해서 쓰도록 제도를 바꾸는 것이 더 중요합니다.

세 번째, 정치하는 사람이 늘어나야 합니다. 수많은 젊은이가 직업으로서의 정치인을 꿈꿀 수 있고 정치가 너무 답답하고 느낀 40, 50대 직장인이 언제든지 정치를 할 수 있어야 합니다. 그게 가능하도록 정당의 문호가 넓어져야 하고 정치지망생을 응원하는 사회풍토도 만들어져야 합니다. 정치인에게는 많은 권한이 있습니다. 권한만 있고 경쟁이 없으면 부패합니다. 정치가 '그들만의 리그'가 아닌 '국민의 리그'가 되려면 정치하려는 사람이 더 많아져야 합니다.

이렇게 정치가 바뀌기 위해서는 정치의 중심인 정당이 먼저 변해야 합니다. 정당이 발전해야 정치문화도 바뀌고 국민인식도 개선될 것입니다. 그럼 우리 정당은 어떻게 변화를 추구해야 합니까?

새누리당, 철학 있는 보수 정당으로 거듭나야

먼저 '보수 정당'을 지향하는 새누리당은 보수의 개념과 가치부터 바로 새겨야 합니다. '보수주의의 아버지'로 부르는 영국의 대표적 정치 이론가인 에드먼드 버크Edmund Burke는 일찍이 '보수는 책임 있는 변화'라고 지적했고, 일본의 대표적 보수 정치인 나카소네 야스히로中曾根康弘 전 총리는 '보수는 지키려는 만큼 개혁하려는 노력을 병행해야 한다'고 설파했습니다. 이런 사고를 기반으로 해야 '기득권 집단'이 아니라 '철학 있는 보수 정당'으로 거듭날 수 있습니다.

새누리당은 '철학 있는 보수'를 지향하면서 3가지의 구체적 방향으로 당을 바꿔야 합니다. 먼저 '부패 청산'입니다. 누군가 '보수는 부패로 망하고 진보는 분열로 망한다'고 했죠. 여전히 유효한 명제입니다. 아직도 보수 정치 내부는 물론 우리 사회 심연에는 부패구조가 시퍼렇게 살아있습니다. '관피아' 등에서 보듯 오히려 더 교묘해지고 있습니다. 이런 부패의 사슬을 과감하게 도려내야 합니다. 한발 더 나아가 음습하게 돈과 이권을 주고받는 '좁은 의미에서의 부패'에서 벗어나 의사결정 과정에서 절차와 민주성, 합리성이 지켜지도록 '광의의 의미에서의 부패' 청산으로 나아가야 합니다. 그래야 우리 사회가 갈등비용을 줄이고 선진국으로 진입할 수 있습니다.

두 번째는 여전히 인권의 가치를 존중하고 발전시키는 방향으로 나아가야 합니다. 인권은 보수의 핵심입니다. 이명박 정부 당시 서울시내 한 경찰서의 형사들이 용의자를 조직적으로 구타한 사건이 있었습니다. '철학 있는 보수 정권'이라면 경찰청장에게 책임을 묻고도 남을 사안입니다. 이처럼 국민에 대한 국가공권력의 부당한 탄압도 없어져야 하지만 한 발 더 나아가 비정규직, 이주노동자 등 사회적 약자에 대한 제도적 배려로 인권의 의미를 넓혀 나가야 합니다. 그래야 우리 사회가 신자유주의의 병폐를 극복하고 성장 동력을 확보할 수 있습니다.

세 번째는 통일을 지향하는 정당이 되어야 합니다. 우리 사회의 발전을 가로막는 많은 구조적 결함의 이면에는 분단이 도사리고 있습니다. 보수 정권이든, 진보 정권이든 자신만의 방식에 따라 꾸준히 통일을 지향하는 정치를 해야 합니다. 특히 보수 정권이야말로 진보 정당의 동의 속에 국론을 하나로 모아 어느 집단보다 제대로 된 통일정치를 펼칠 수 있습니다. 통일을 지향하는 정치야말로 우리 후손에게 미래를 열어 줄 수 있습니다.

새정치민주연합, '상인의 현실감각' 키워야

새정치민주연합은 이론가가 너무 많습니다. 선수 11명이 뛰는 축구장에 감독만 11명인 것 같습니다. 그래서 연이은 선거 참패에도 불구하고 책임지는 사람은 없고 여기저기서 말만 무성합니다. 핵심 지지층이 빠져나가는 데도 행동하는 사람은 여전히 보이지 않습니다. 새정치민주연합이 '환골탈태'하려면 스스로 '이념과잉의 정당'임을 인정할 때 진정한 개혁이 가능합니다.

이런 인식에 공감한다면 새정치민주연합이 가장 먼저 해야 할 일은 사람과 지역을 넘어 당을 정책과 이념 중심으로 과감히 변신시켜야 합니다. 그럼 무엇이 정책과 이념의 정당일까요? 대선 때만 되면 번개처럼 나타났다 바람처럼 사라지는 정치인이 아니라, 한 정당에서 오랫동안 몸담으면서 수많은 검증을 받고 그 정당의 정책에 충실한 '예측 가능한 정치인'이 대선 후보가 되는 정당이 정책 정당입니다. 출신 지역의 조합에 따른 경쟁력보다 30~40대의 지지 속에 50~60대도 아우를 수 있는 후보, 50~60대의 지지를 받지만 20~30대도 포용하는 정치인이 대선 후보가 되는 정당이 이념의 정당입니다. 비단 새정치민주연합에만 해당되는 이야기는 아닐 것입니다.

두 번째, 정책과 이념의 정당이 되려면 '상인의 현실감각'을 가진 인재를 대거 발굴해야 합니다. 지금 새정치민주연합은 '서생적 문제의식'만 가득한 정치인이 너무 많습니다. 이들 가운데 일부는 근거 없는 '도덕적 우월 의식'에까지 사로잡혀 있습니다. 이런 사람은 논쟁에만 능할 뿐 당을 단 한 뼘도 전진시킬 능력이 없습니다. 고 김대중 전 대통령의 말씀처럼, '상인의 현실감각'을 조화시킬 인재가 당에 절실합니다. 정권을 10년 가까이 내놓으면서 당내의 인재는 더 줄었고 입지마저 좁아졌습니다. 한시가 시급합니다.

모두에게

마지막으로 여야 모두의 과제입니다. 우리 정당이 정책과 이념의 정당으로 나아가려면 영호남 중심의 정당개혁이 절실합니다. 더 좁혀서 말씀드리면 영호남의 공천개혁이 급선무입니다. 각 당은 배지를 벼슬로 생각하는 정치인 대신 정치개혁 의지가 확고한 '생각이 젊은 인재'를 영호남에 과감히 공천해야 합니다. 동시에 권역별 비례대표제 도입, 상징적 지역구 1~2곳에 여야 교차 무공천 등을 실시해 의도적으로라도 조금씩 지역주의를 무너뜨려야 합니다. 그러면 자연스럽게 정책과 이념 정당으로 가는 동력이 생겨날 것입니다. 가능성은 이미 순천·곡성 주민들이 보여줬습니다.

끝으로

제가 아는 정치는 심기만 하면 스스로 자라는 나무가 아닙니다. 햇볕을 쪼이고 물을 주고 환기도 시켜야 자라는 화초에 가깝습니다. 정치를 나무 취급하면서 내버려두지 말고 화초처럼 정성들여 가꾸어야 합니다. 이 책이 정치를 가꾸는 데 필요한 햇빛과 물, 바람이 되었기를 진심으로 바랍니다.

스마트미디어
테크놀로지 · 시장 · 인간

이 책은 테크놀로지, 시장, 인간의 방향에서 스마트미디어에 접근한다.
이를 위해 15명의 언론학자들이 각자의 연구 분야에서의 다양한 물음을
정리하고 답변을 찾는 방식으로 스마트미디어가 야기하는 시장 경쟁, 규
제, 이용자 이슈 등을 논한다. 기술의 현재와 사례를 주로 다루는 기존의
스마트미디어 관련 도서에 비해 이 책은 테크놀로지, 시장, 인간에 대한
고민과 탐색, 전망에 중점을 두어 독자에게 스마트미디어 사회를 더욱 깊
게 이해할 수 있게 하고 향후 관련된 더 풍부한 논의를 촉진시킬 것이다.

김영석(연세대) 외 지음 | 신국판 | 468면 | 값 22,000원

뉴미디어와 정보사회 `개정판`

이 책은 정보사회를 살아가는 데 필요한 지식으로서 매스미디어를 이해
하려는 사람들에게 체계적인 이해의 틀을 제공하는 목적에 충실하였으
며, 전문적 이론보다는 매스미디어의 실제 현상을 쉽게 이해할 수 있도록
서술하였다. 개정판에서는 기존의 구성을 유지하면서 최근의 다양한 변
화, 특히 뉴미디어의 도입에 따른 변화와 모바일 웹, 종합편성채널, 미디
어산업에서의 빅데이터 활용 등에 초점을 맞추었으며, 매스미디어의 실
제 현상 역시 최신의 사례로 업데이트하였다.

오택섭 · 강현두 · 최정호 · 안재현 지음 | 크라운판 | 528면 | 값 28,000원

사회과학 통계분석
SPSS/PC+ Windows 20.0

문항 간 교차비교분석, t 검증, 일원변량분석, 다원변량분석, 상관관계
분석, 단순 회귀분석, 다변인 회귀분석, 가변인 회귀분석, 통로분석, 인
자분석, Q 방법론, 판별분석, 로지스틱 회귀분석, 반복측정 ANOVA,
MANOVA, LISREL, 군집분석, 다차원척도법, 신뢰도분석 총 30장에 걸
쳐 신문방송학에서 주로 쓰이는 통계방법을 총망라했다. 일반 통계분석
의 경우 SPSS/PC+ 프로그램의 최신 버전인 20.0(한글판)의 실행방법
을 설명했으며, Q 방법론과 LISREL의 경우에는 CENSORT와 SIMPLIS
의 실행방법을 설명했다.

최현철(고려대) 지음 | 4×6배판 변형 | 730면 | 35,000원

융합과 통섭
다중매체환경에서의 언론학 연구방법

'융합'과 '통섭'의 이름으로 젊은 언론학자 19명이 모였다. 급변하는 다중매체환경 속 인간과 사회를 능동적으로 이해하고 설명하는 것은 언론학 연구의 임무이자 과제다. 이를 위해서는 관례와 고정관념을 탈피하려는 다양한 고민과 시도가 연구방법으로 이어져야 한다. 38대 한국언론학회 기획연구 워크숍 발표자료를 엮은 이 책은 참신하고 다양한 언론학 연구방법을 고민하는 이들에게 소중한 지침서가 될 것이다.

한국언론학회 엮음 | 크라운판 변형 | 520면 | 32,000원

정치적 소통과 SNS

뉴스, 광고, 인간관계에까지 우리 일상 어디에나 SNS가 있다. 그렇다면 과연 우리는 SNS에 대해 얼마나 알고 있을까? 커뮤니케이션 연구와 교육의 최전선에 있는 한국언론학회 필진이 뜻을 모아 집필한 이 책은 SNS에 관한 국내외의 사례와 이론을 폭넓게 아우른다. 왜 우리는 SNS를 사용하게 되었나부터, 어떻게 사용하고 있나, 또 앞으로 어떻게 사용해야 하나까지 과거, 현재, 미래에 대한 통찰이 담겨 있다.

한국언론학회 엮음 | 크라운판 변형 | 456면 | 27,000원

SNS 혁명의 신화와 실제
'토크, 플레이, 러브'의 진화

요즈음 전성기를 구가하고 있는 소셜미디어는 사람들 간 진지한 관계나 대화를 담보할 수 있는가? 인류의 오래된 희망인 관계의 수평화 · 평등화를 가능케 할 것인가? 이 책은 내로라하는 커뮤니케이션 소장학자들이 발랄하면서도 진지한 작업 끝에 내놓은 결과물이다. 소셜미디어의 모든 것을 분해하고, 다시 종합하는 이 책을 통해 독자들은 소셜미디어 혁명의 허와 실을 간파하게 될 것이다.

김은미(서울대) · 이동후(인천대) · 임영호(부산대) · 정일권(광운대) |
크라운판 변형 | 320면 | 20,000원

미디어 효과이론 제3판

이 책은 이용과 충족이론, 의제 설정이론, 문화계발효과이론 등 고전이론의 최신 업데이트된 연구결과를 비롯해 빠르게 진화하는 미디어 세계의 이슈들에 대해서도 다뤘다. 미디어 효과연구 영역을 폭넓게 다룬 포괄적인 참고도서이자 최근의 미디어 효과연구의 진행방향을 정리한 보기 드문 교재로 미디어 이론 연구를 위한 기준을 제공할 것이다.

**제닝스 브라이언트 · 메리 베스 올리버 편저 | 김춘식(한국외대) ·
양승찬(숙명여대) · 이강형(경북대) · 황용석(건국대) 옮김 | 4×6배판 | 712면 |
38,000원**

매스 커뮤니케이션 이론 제5판

제5판(2005년)에서는 특히 인터넷시대의 '뉴미디어'가 출현과 성장 과정 속에서 기존의 매스미디어 이론과 연구결과를 토대로 이야기했던 것을 수정 · 보완하는 데 주력했다. 또한 저자는 변화하는 미디어 환경 속에서 기존 매스 커뮤니케이션이 어떻게 변화할지에 관심을 두고 내용을 전개한다. 새로운 이론적 접근에 대한 소개가 추가되었고, 각 장에서의 이슈는 뉴미디어 현상과 연관하여 다루어진 특징이 있다.

**데니스 맥퀘일 | 양승찬(숙명여대) · 이강형(경북대) 공역
크라운판 변형 | 712면 | 28,000원**

커뮤니케이션 이론
연구방법과 이론의 활용

매스 커뮤니케이션의 기본개념부터 다양한 이론적 논의와 연구방법, 연구사례에 이르기까지 언론학 전반을 조감해 주는 교과서이다. 이책의 큰 장점은 제반 이론을 소개하면서 과학의 특성인 실용성과 누적성이 절로 드러나도록 하는 뚜렷한 관점을 가지고 있다는 것이다. 우선, 소개되는 이론에 관련한 실제 연구사례들을 수집해 제시한다. 더불어 이론이 등장해 어떻게 비판되고 지지되고 발전되었는지 역사적으로 추적한다.

**세버린 · 탠카드 | 박천일 · 강형철 · 안민호(숙명여대) 공역
크라운판 | 548면 | 22,000원**

이승만의 삶과 국가

오인환 (전 공보처 장관) 지음

좌우 시선을 넘어 인간 이승만을 재조명하다!

왜 지금 다시 이승만인가?

이승만에 대한 좌·우의 상반된 역사평가는 바로 대한민국 현대사에 대한 평가로 이어진다. 그의 일생이 바로 건국과 6·25 전쟁을 치르면서 현대사 중반부까지의 흐름과 궤를 같이하기 때문이다. 이제는 우리 현대사의 실체와 실상을 객관적 시각으로, 종합적인 각도에서 평가하고 복원할 때이다. 이데올로기적 관점을 배제하고, 있는 그대로의 역사를 이해하며, 나아가 현대사에 대한 인식을 공유할 때 미래의 힘찬 도약 역시 도모할 수 있다. 결코 평범할 수 없는 한 거인의 삶과 정치철학을 좇아 균형 잡힌 역사인식을 재정립하자. ―머리말 중에서

신국판 | 양장본 | 664면 | 35,000원

정치는 가슴으로

이만섭 (전 국회의장)

국회의장 이만섭의 인생고백

정당보다는 '국민', 대립보다는 '화해'를 추구한 시대의 양심 이만섭! 그가 혼신의 힘으로 써낸 대한민국 정치사!

대한민국에서 '가장 존경받는 정치원로'로 꼽히는 이만섭의 50년의 정치역정을 담은 책.
4·19 특종기사를 다루며 불의에 항거했던 〈동아일보〉 정치부 기자 시절. 민심을 지키기 위해 혁명적인 개혁안들 ― 남북 가족면회소, 한미 행정협정, 재벌특혜 진상조사, 3선개헌 반대 ― 을 추진했던 박정희 정권 시절. 그리고 날치기 추방, 여야를 초월한 공정한 국회운영을 한 국회의장 시절까지. '박정희의 사람'도 'TK계의 대부'도 아니었던 소신 있는 '국민의 정치인' 이만섭의 삶을 돌아본다.

신국판 | 양장본 | 424면 | 24,000원

나남 www.nanam.net | 031-955-4601

2012년 국회의원선거 분석 박찬욱 · 강원택 편

2012년 국회의원선거와 함께 한국 선거 정치는 또 하나의 나이테를 쌓아 나가게 되었다. 이 책의 성과가 한국 정치의 새로운 변화를 올바르게 읽어내고 또 학술적으로도 한 걸음 더 나아가게 하는 계기가 될 수 있기를 희망해 본다. – 머리말 중에서

신국판 | 412면 | 20,000원 | 2012년 12월 20일

2012년 대통령선거 분석 박찬욱 · 강원택 편

이 책은 2012년 대선 직후에 한국정치연구소가 한국리서치에 의뢰하여 실시한 선거 후 유권자 개별면접조사 자료를 바탕으로 한국 유권자의 투표행태를 분석하는 글들을 수록하고 있다. 민주화 이후 선거 연구의 단골 메뉴와 함께 이번 대선과 관련한 새 메뉴도 망라한다. – 머리말 중에서

신국판 | 440면 | 20,000원 | 2013년 5월 5일

2014년 지방선거 분석 강원택 편

2014년 지방선거는 다양한 이슈와 사건, 제도적 변화 속에서 치러졌고 그 결과 역시 매우 흥미로웠다. 이 책은 2014년 지방선거에서 나타난 정치적 의미와 특성을 다양한 관점에서 학술적으로 분석한 것으로 정치 참여와 자치에 대한 논의를 더욱 풍부하게 하는 데 기여할 수 있기를 희망한다. – 머리말 중에서 신국판 | 근간

이름뿐인 맹목적 민주주의에서 벗어나 진정한 민주주의를 실현하고 새로운 시대를 열기 위한 정치 지침서

생활민주주의의 시대 새로운 정치 패러다임의 모색
조대엽 | 고려대 사회학과 교수, 고려대 노동대학원장

우리 시대 새로운 정치 질서, 생활민주주의
꿈을 가질 수 있는 미래로 나아가기 위해서는 생활민주주의가 필요하다!
최장노동시간, 여성 저임금 노동, OECD 국가 중 최고의 자살률, 이혼율 등 부정적 사회지표가 세계 최고에 이르는 대한민국의 현실은 지금 어디에 와 있는가. 진정한 민주주의의 실현을 위해서는 국가와, 정당, 시민 모두가 나서야 한다. 침묵에서 깨어나 꿈을 잃은 시대의 현실을 성찰해 보고 더 나은 사회로 나아가기 위한 새로운 정치의 비전을 떠올려 보자. 시민과 생활이 결합된 생활민주주의가 바로 그 한 걸음이 될 것이다. 신국판 | 432면 | 25,000원 | 2015년 3월 1일

갈등사회의 도전과 미시민주주의의 시대 새로운 사회갈등과 공공성 재구성에 관한 사회학적 성찰
조대엽 | 고려대 사회학과 교수, 고려대 노동대학원장

특수한 갈등 상황에 이른 현대사회를 선순환시키기 위해
거시민주주의를 넘어 미시민주주의의 시대로! 새로운 시대를 모색한다
갈등사회론과 미시민주주의를 결합하여 공공성의 재구성을 도출해내는 이 책은 사회의 갈등을 올바르게 해결하기 위해 우리가 가야 할 길을 밝히는 좋은 길잡이이다. 2000년대 이후의 노무현 정부부터 지금에 이르기까지 격동기를 지속하는 한국사회에서 사회학적 분석과 깊은 통찰을 담은 이 책은 한국 사회학의 새로운 시발점이다. 신국판 | 336면 | 18,000원 | 2014년 11월 10일

나남 nanam www.nanam.net | 031-955-4601

코리안 미러클

육성으로 듣는 경제기적 편찬위원회(위원장 진념) 지음

박정희 시대 '경제기적'을 만든 사람들을 만나다!
경제난 어떻게 풀어 '창조경제' 이룰 것인가?
전설적인 경제의 고수들에게 배우라!

홍은주 전 iMBC 대표이사와 조원동 전 조세연구원장(현
청와대 경제수석)이 '그 시대' 쟁쟁한 경제거물들인 최각
규, 강경식, 조경식, 양윤세, 김용환, 황병태, 김호식, 전용
진을 만났다. 그들의 생생한 육성으로 통화개혁, 8·3조치,
수출정책, 과학기술정책 추진과정을 둘러싼 007작전과 비
화들을 듣는다.

크라운판 | 568쪽 | 35,000원

코리안 미러클 2
도전과 비상

육성으로 듣는 경제기적 편찬위원회(위원장 진념) 지음

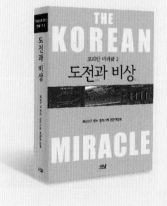

1980~90년대 '전환의 시대'를 이끈 경제주역들의 생생한
증언! 국가주도 경제에서 시장경제로 패러다임을 바꾸다!
1960~70년대 순항하던 한국경제호는 살인적 물가폭등과
기업과 은행의 부실, 개방압력 등으로 흔들리기 시작한다.
바야흐로 물가를 안정시키고 기업과 은행의 자율성을 키
우며 시장을 개방하는 것이 한국경제의 지상과제로 떠오
른 것이다. 이 책은 이러한 시대의 키워드인 안정, 자율, 개
방을 구현하는 데 핵심적 역할을 했던 경제정책 입안자 강
경식, 사공일, 이규성, 문희갑, 서영택, 김기환의 인터뷰를
담고 있다. 한국경제 연착륙을 위해 고군분투하는 그들의
이야기는 난세영웅전을 방불케 할 정도로 흥미진진하다.

크라운판 | 552쪽 | 35,000원

나남 www.nanam.net | 031-955-4601